丛书主编◎叶浩生

世界著名心理学家

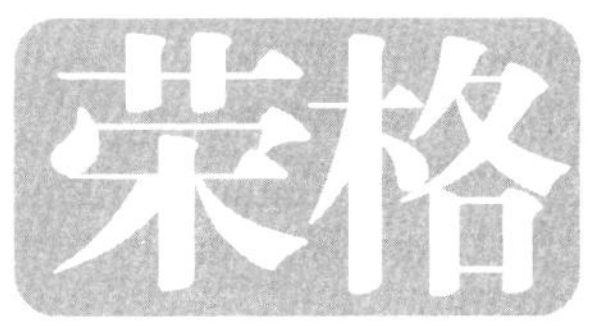

曾江江◎著

北京师范大学出版集团
BEIJING NORMAL UNIVERSITY PUBLISHING GROUP
北京师范大学出版社

图书在版编目（CIP）数据

荣格／叶浩生主编，曾江江著.—北京：北京师范大学出版社，2013.1（2014.2重印）
（世界著名心理学家）
ISBN 978-7-303-15314-5

Ⅰ.①荣… Ⅱ.①叶… ②曾… Ⅲ.①荣格，G.G.(1875~1961)—精神分析—研究 Ⅳ.①B84-065

中国版本图书馆CIP数据核字（2012）第193413号

营销中心电话 010-58802181 58805532
北师大出版社高等教育分社网 http://gaojiao.bnup.com
电子信箱 gaojiao@bnupg.com

出版发行：北京师范大学出版社 www.bnup.com
北京新街口外大街19号
邮政编码：100875
印　　刷：北京民族印务有限责任公司
经　　销：全国新华书店
开　　本：148 mm × 210 mm
印　　张：6.125
字　　数：135千字
版　　次：2013年1月第1版
印　　次：2014年2月第2次印刷
定　　价：18.00元

策划编辑：周雪梅　　责任编辑：周雪梅
美术编辑：毛　佳　　装帧设计：毛　佳
责任校对：李　菡　　责任印制：陈　涛

丛书总序

心理学的产生和发展是时代的需要，同时也离不开心理学史上一些重要人物的贡献，以及他们在心理学领域作出的杰出成就。2002年，美国心理学杂志《Review of General Psychology》依据心理学者在心理学领域的贡献，评选出前99位心理学家。《世界著名心理学家》丛书就是从这99个人中选择出最有影响力的心理学家，讲述他们生活的时代背景、个人经历、理论思考，以及取得的成就。希望通过丛书的介绍，读者对心理学有进一步的认识，对心理学研究有更深入的思考。

心理学的发展是时代精神和心理学家结合的产物。每一位心理学家都是在总结前人思想的基础上，通过自己的努力和发现推动心理学的发展与进步的。具体来说，时代的进步为心理学提供了社会历史条件，而心理学家利用这些条件完成了心理学史上的重大变革。“心理学有很长的过去，但只有一个短暂的历史。”19世纪中叶以后，哲学已经为心理学积累了丰富的理论概念；生理学领域的成就为心理学提供了基础知识和研究方法；心理物理学的发现为心理学准备了科学的发展模式和方向。最终，冯特的心理学实验室的建立，才把心理学从哲学的娘胎里催生出来，使其成为一门独立的学科。因此，在肯定时代精神的同时，我们无法抹煞心理学家在心理学发展史上的重要作用。

心理学家的成长历程可以作为心理学后继者的参照，这些人为什么会从事心理学研究？他们是如何为之坚定不移、辛勤付出的？读者或许可以得到这样一些启示。

第一，心理学家对心理学孜孜不倦的追求是取得成功的必要条件。巴甫洛夫是一位“不承认自己是心理学家”的心理学家。他在从消化系统的生理研究转向神经系统的心理研究时，曾承受着来自四面八方的压力，但是这些都没能改变他的决心。经过长达30多年艰苦卓绝的研究探索，巴甫洛夫终于建立了完整的条件反射学说。这种锲而不舍的科学精神是值得心理学后继者学习和借鉴的。

第二，心理学家对信念的坚守是取得成功的保证。弗洛伊德的精神分析理论在他生前就遭人非议，而他死后仍难逃诟病。即使这样，也不能否定精神分析理论从一个独特的视角诠释了人类心理和行为的功劳。如果没有弗洛伊德对“力比多”的坚定信念，就可能不会出现心理学的“第二势力”。心理学研究者首先是作为社会人而存在的，一个时代的文化思潮、价值观和科学哲学观都会影响到心理学研究者的热情和研究取向，甚至决定着心理学的研究内容和方法论原则的形成。所以，今天看来，心理学发展史上任何一个理论流派的存在都有其特定的价值。当然，这些心理学思潮的形成都离不开心理学家对心理学研究信念的坚守。

第三，心理学家对实证研究和理论思维的态度是心理学发展的重要因素。一门学科的进步，既需要科学的实验求证，也离不开严谨的理论思维。心理学也是这样，构造主义、行为主义、人本主义等心理学理论都是建立在一定的哲学基础之上的。从某种意义上说，心理学实验是为证实心理学理论而存在的。例如，格式塔心理学的似动和顿悟实验。但是，当前的心理学实验是在寻找和发现问题。研究者试图把心理学理论建立在大量的心理学实验结论之上，或者说把心理学实验作为发现心理学理论的唯一有效的途径。通过这种途径建立起来的心理学理论更像是无源之水，无本之木。当代心理学再没出现像詹姆斯、马斯洛、科勒这样的心理学大家，也没有出现如行为主义、精神分析、人本主义这样的心理学理论，这与当代心理学重视实验求证，偏废理论思维不无关系。丛书在介绍这些心理学家的章节中列出了“理论背景”板块，一方面帮助读者更好地理解和把握心理学理论内容，另一方面也是为了突出理论思考在心理学发展史上的地位。

丛书每本书介绍一位心理学家。编者制定了详细的编写原则和体例要求。丛书作者大多直接从事有关某一心理学流派、或某一位心理学家的理论研究工作。他们在准确把握这些思想理论的前提下，多方面收集材料，力争使内容生动活泼，可读性强。诚然，丛书编者和作者的观点难免会有偏颇、不当之处，还请读者指正。

叶浩生

2012 年 8 月 22 日于广州大学城小谷围岛

目 录

第一章　导论

早在2500年前，在古希腊的德尔斐太阳神庙前一座石碑上镌刻着一行字："人啊，认识你自己。"千百年来，站在世界思想山巅的思想者们一次次地探寻着"认识人"之谜。然而，认识人是多么困难。卢梭曾经说过："我觉得人类的各种知识中最有用而又最不完备的，就是关于'人'的知识。"在精神分析出现之前，在心理学在科学心理学创始人冯特（Wilhelm Wundt，1832—1920）、行为主义鼻祖华生（John Broadus Watson，1878—1958）等人的努力下，运用物理学或者内省法等自然科学的方法只能研究人的简单心理过程，如感觉阈限等，对于心理疾病却束手无策。当精神分析学派出现在历史舞台上，他们在临床基础上，运用现象学的研究方法，提出的精神分析理论给人类对于精神世界的认识带来了新的转机。

说起精神分析学派，第一代掌门人弗洛伊德（Sigmund Freud，1856—1939）的大名妇孺皆知。但是，弗洛伊德的早期追随者卡尔·古斯塔夫·荣格（Carl Gustav Jung，1875—1961），很多人对他的研究理论和领域就很陌生了。实际上，现在许多人对于一些机构在报纸杂志上刊登的性格测试都兴致盎然，而在很大程度上，这些测试都可以追溯到荣格所划分的心理类型。荣格作为瑞士著名心理学家、精神分析学家，在世界心理学界享有很高的威望，是现代心理学的鼻祖之一，同时也是分析心理学派的创始人。弗洛姆（Erich Fromm，1900—1980）认为："弗洛伊德是个理想主义者，他之所以了解无意识是因为要控制和征服无意识。相反，荣格是属于浪漫主义的，具有反理性主义的传统。他怀疑理性和理智，代表着非理性的无意识对他来说是智慧源泉，并从这种接触中受益。荣格对无意识感兴趣是取一种浪漫主义的赞赏态度，弗洛伊德的兴趣则是取理性主义的批判态度。他们可以暂时相会，但又各自沿着不同的方向走去，分裂是不可避免的。"①

亚里士多德在几千年前曾这样向世人宣称："吾爱吾师，吾更爱真理。"20世纪初，荣格虽然很尊重自己的老师，看重和弗洛伊德的情谊，但为了坚持真理，经过反复思考，他公开发表了标志着荣格和弗洛伊德决裂的《力比多的转变与象征》。荣格不同意弗洛伊德把"力比多"看做是压抑的性欲和攻击性的冲动，他把"力比多"定义为生物的普遍生命能量，这是一种创造性的生命能量，能为个人的心理发展提供能源。同弗洛伊德的关系破裂后，荣格开始发展自己的心理分析理论。起初，他把自己的理论称为情结心理学，后来又称其为分析心理学。

---

① 车文博主编，常若松著. 人类心灵的神话. 武汉：湖北教育出版社，1999：82.

西格蒙特·弗洛伊德：奥地利精神病医生，精神分析学派的创始人。弗洛伊德读书时就是一个出类拔萃的学生，1881年他在维也纳大学获得医学学位。在随后的10年中，他在一个精神病诊所行医，个人开业治疗神经病，同时致力于生理学的研究。弗洛伊德直到1895年才出版了他的第一部论著《歇斯底里论文集》；他的第二部论著《梦的解析》于1900年问世，这是他最有创造性、最有意义的论著之一。1908年弗洛伊德在美国做了一系列演讲，当时他已是一位知名人士了。1902年他在维也纳组织了一个心理学研究小组，艾尔弗雷德·阿德勒就是其中的最早成员之一，几年以后卡尔·荣格也加入了这个行列，两个人后来都成了名副其实的世界著名心理学家。弗洛伊德深信神经症可以通过心理治疗而奏效。他曾用催眠治病，后始创用精神分析疗法。他认为被压抑的欲望绝大部分与性有关，性的扰乱是精神病的根本原因。1897年，他对自己进行了艰苦的自我分析，提出了恋母情结。弗洛伊德的“性”是广义的，他认为身体上的敏感部分都属于性觉区。他的著作有《梦的释义》《日常生活的心理病理学》《精神分析引论》《精神分析引论新编》等。他的小女儿安娜·弗洛伊德（Anna Freud）后来也成为著名的心理学家。

荣格的分析心理学思想经历了三个重要的发展阶段：一是来自弗洛伊德的影响；二是独自面对无意识的收获；三是东方智慧的启迪与见证。在这些经历之后，荣格已经变为“完成的自己”，同时也形成了他的分析心理学体系。所以，谈到荣格的心理分析学说，就必须清楚它对弗洛伊德精神分析理论的继承性和革新性，两者在理论体系上有如下关系：

第一，两人都重视潜意识，但荣格的潜意识范围较广，除包括弗洛伊德所强调的婴儿根源外，荣格还强调人格的种族根源。其次，荣格所谓潜意识不同于弗洛伊德的潜意识，弗氏的潜意识只有非理性的成分，而荣格的潜意识是心理能量及智慧的根源，所以具有积极性。

第二，荣格对于人类的看法包含目的论和因果论，他认为人类行为由个人及种族的历史和对生活的期望形成。也就是说，一个人的行为受过去和未来的影响。而弗洛伊德的理论认为，一个人的行为是受过去影响的。

第三，荣格反对弗洛伊德的泛性论，他认为“力比多”不是性欲的来源，而是生命力的来源。

第四，弗洛伊德学说过分强调生命中的病理部分和人的缺陷，而荣格多从一个人的健全方面着手研究。

第五，按荣格的观点，人具有一种持久、创造的发展，以及对完美的渴望。这不同于弗氏无休止地重复本能性目标、直到老死的看法。

荣格的分析心理学认为精神活动是由意识与潜意识活动组成的，借助象征语言（梦、幻想）互相交流。精神活动具有力求将意识与潜意识整合为一体的倾向。这个学派认为帮助病人正确面对其潜意识活动，便可增强内省能力，使精神症状得以缓解。荣格分析心理学的基本内容包括：集体无意识、炼金术思想、情结的含义、原型理论、性格类型学说以及心理治疗的论述等。关于荣格分析心理学的基本特点，我国学者李汉松概括为如下几个方面。

第一，目的论原则。荣格认为，人的精神生活不仅受过去原则影响，还受对未来所希望的目的支配。精神现象虽有本质差异，但也有相同之处，那就是它们有追求平衡的目的；而精神的最终目的就是要使人和环境化为一体。因此研究心理不仅要追溯过去，而且要注意生活的目的和方向。为此他还研究过佛教中的“参禅”，他认为，对病人的症候和梦的分析要注意其下意识中的目的，因为这些症候和象征是病人在下意识中达到目的的手段。

第二，心力论。荣格把精神生活的原动力看做一种生命力或心力，有时也叫做生命能，它的表现就是心理能。通过一个人的意志、希望、情感、注意和奋力的表现就可以看出这些心理活动的实际力量。此外，如能力、素质、态度倾向和趋势则是一种潜在的心理能。他认为所有这些“能”分配在一个机体身上组成一个系统，它表露于外，也受外界影响而发生相互作用。

第三，类型学说。荣格把人的类型分为性格类型和思维类型两大类。性格类型来源于本能。由于人人都有一般生命力，它分化出个体生存本能和性生殖本能，并在个体内得到平衡发展。这两种本能在人身上表现为求权意志和性冲动。有求权意志的人，精神集中在自己，其性格为内向型。内向的人好思想，爱静，多愁善感，不好社交。外向的人好活动，易受感情支配，乐观开朗，善于社交。此外，还有一类人具备两种倾向，被他称作两面型。另外，荣格还提出了著名的集体无意识学说。

荣格有时也被称为“人类心灵的考古学家”，他毕生致力于人类心灵奥秘的探索。荣格的一生著述浩繁，思想博大精深，研究学贯中西。他所创立的分析心理学不仅在心理治疗中成为独树一帜的学派，而且对哲学、心理学、文化人类学、文学、艺术、宗教、伦理学、教育等诸多领域产生了广泛而深刻的影响。值得一提的是，荣格对东方文化和宗教一直很感兴趣，并借用到了自己的理论中。他生前曾写过几篇文章，论及心理学和东方宗教。他的涉猎很广，对藏传佛教、印度瑜伽、中国的道学和《易经》、日本的禅学和东方的冥想，都有过深入的思考。他还曾引用中国的炼金术理论和佛教的曼陀罗图治疗过精神病。

晚年的荣格可以说是声誉日盛。他不仅获得了美国耶鲁大学、哈佛大学、英国牛津大学、印度卡尔库特拉大学、苏黎世日内瓦大学等十几所著名学府的名誉博士学位，而且还获得了欧洲文化界的广泛认同：1932 年，他获得了苏黎世城的文学奖；1938 年，他当选为英国皇家医学会的名誉会员；1944 年，他成为瑞士医学科学院的名誉会员。此后荣格的影响越来越大，19 卷文集被整理出版，还发行了英文译本，许多著作还以较便宜的平装本出版。阅读他著作的人越来越多，他的治疗理论和方法也通过设立在世界各地的职业学校而得以传播。荣格的观点在世纪之交引起了更大的反响。国际分析心理学会成员已有 4000 多名正式成员，成为心理分析和治疗队伍中的一支重要力量。我国对荣格理论感兴趣的人也越来越多，1998 年 12 月，分析心理学会与中国文化研讨会在广州华南师范大学召开。中国人开始逐渐对荣格提出的神秘现象、神话、宗教等都有共同象征含义等观点产生好奇，那么，荣格到底是个什么样的人呢？

第二章　卡尔·古斯塔夫·荣格的一生

我们来看看荣格是怎样一个人。他身材高大、肩宽体壮，是业余登山运动员和老练的水手。他喜欢园艺、雕刻、劈柴、建筑等手工活动，喜欢游戏和竞赛。他饮食讲究，胃口极好，喜欢喝酒，喜欢抽雪茄和烟斗。他性格活跃、精力充沛、身体健康。

凡是与荣格有过接触的人，事后都提到他具有开朗的性格和无与伦比的幽默感。他的眼睛愉快地眨动，不时发出开心的、富有感染力的笑声。他自己风趣健谈，又能专心听别人谈话，从来不显得匆忙，也从来不显得心不在焉。在谈话过程中，他对问题的把握灵活变通，表达简练准确，能够容忍和接受不同的意见。他喜欢在自己的谈话中使用方言，比如，当谈到美国的时候，他会突然插入一些美国的俚语和谚俗。跟他在一起，人们总是感到自在和惬意。

从荣格所受的教育看，他是一个医生，然而他却不曾有过一般意义上的医疗实践，却在精神病治疗方面有所建树。作为一个精神病医生，他先是在精神病医院和诊疗所里看病，尔后则自己开业。此外他又是一个大学教授。多年以来，他一直属于弗洛伊德精神分析学派，与弗洛伊德关系破裂之后，他又形成和发展了自己的一套心理分析理论。最初，他把自己的理论称为情结心理学，后来又称为分析心理学。这套理论不仅包括一整套概念、原理，而且包括治疗心理疾患的方法。荣格并不把自己的职业活动限制在诊疗所里，他还运用自己的理论，对大量的社会问题、宗教问题和现代艺术思潮作批判的分析。他是一个学者，有着惊人的渊博知识，能够同运用母语德语一样流畅地阅读英语、法语、拉丁语和希腊语的著作。他还是一个有很高天赋的作家，曾于1932年获苏黎世城的文学奖。此外，他又是忠实的丈夫、慈爱的父亲，是见多识广的瑞士公民，政治上主张思想自由和政治民主。

医生、精神病专家、心理分析学家、教授、学者、作家、社会批评家、家庭成员、社会公民——所有这一切荣格都当之无愧。但是首先，他是一个始终不懈地探索人类精神的人，也就是说，是一个心理学家。他希望自己能作为心理学家留在人们的记忆中，他也一定会作为心理学家而为人们所永远纪念。

他说："……人类存在的唯一目的，就是要在纯粹自在的黑暗中点起一盏灯来。"

一、成长的经历

1. 少年时代

荣格1875年出生于瑞士康斯维尔一个对宗教相当热衷的家族，他八个叔叔及外祖父都是神职人员，父亲也是一位虔诚的牧师，几乎把信仰当成他生命的全部。荣格是他唯一幸存的儿子，荣格的两个哥哥在荣格出生之前就夭折了。荣格生下来 6 个月，他的父亲就被派到莱茵河畔一个偏僻乡村洛芬去当教区牧师了。这时，很可能由于婚姻的不谐，荣格的母亲出现了神经失调的症状，需要送进医院治疗几个月，小荣格就交给了他的姑妈和女仆照管。荣格自小便具有特别的个性，是个奇怪而忧郁的小孩，他大都和自己做伴，常常以一些幻想游戏自娱。6 岁之后，除了父亲开始教他拉丁语课外，荣格也开始了他上学的生涯，和同学们的相处，荣格慢慢发现自己在家庭之外的另一面。多年之后回想起来，他将自己分成了两个人格——一号和二号。一号性格表现在每天的日常生活中，此时的他就如同一般的小孩，上学念书、专心、认真学习；二号性格犹如大人一般，多疑、不轻易相信别人，远离人群，靠近大自然。

死亡对于荣格并不陌生，经常有当地的渔夫在险恶湍急的瀑布下丧生。荣格保留着对葬礼仪式的生动回忆：一个又大又黑的箱子放在一个深坑旁边，身穿黑色长袍、头戴黑色高帽的牧师主持着整个仪式，他们的面孔阴沉而忧郁。父亲是牧师，荣格的八个叔父也都是牧师。所以，当荣格还是一个孩子的时候，他的许多时光都消磨在这些身穿黑袍、板着面孔的人周围。多年来，他们的面容和表情一直使这个孩子感到害怕。

荣格是个爱好冒险的人。荣格的家庭最终搬迁到维塞河畔距巴塞尔大约三英里的克莱恩－许宁根（Klein-Hun-ingen）乡村教区。有一次那里的堤坝坍塌，洪水冲走了 14 个人，当时荣格虽然只有 6 岁。但还是在洪水消退以后，跑出去看洪水所造成的灾害，这时候，他看见一个半截掩埋在沙土里的尸体。他还看过人们宰杀猪的场景。这些经历和体验对他是富有刺激性的，但他的母亲却感到担忧，觉得一个孩子对这些可怕的事情感兴趣是不健康、不正常的。荣格本人小时候也曾几次临近死亡的边缘。有一次他摔破了头，鲜血流满了教堂的台阶。还有一次他险些从横跨莱茵瀑布的桥上摔下去淹死，幸亏女仆及时抓住了他。

荣格 9 岁时他妹妹才出生，荣格对刚生下来的妹妹漠不关心，他还是和以前一样继续一个人玩耍，仿佛妹妹并不存在。他一连几小时着迷于自己发明的游戏，然后又放弃这些游戏，重新设计出新的更复杂的游戏。他不能容忍他人的批评和旁观。他玩耍和游戏的时候，也不喜欢任何人来打扰。从那时候开始，直到生命的终结，荣格始终都是一个内倾型的人。

早在荣格能记事的时候，荣格的父母在婚姻上就存在着问题。父亲和母亲的寝室是分开的。荣格和父亲合住一间寝室。他记得夜里听见母亲发出奇怪的、神秘的声音，使他心神不定。他常常做一些可怕的梦。有一次，他梦见一个人影从他母亲的房门出来，人头和身体逐渐分离，头飘浮在空中；在这之后又出现了一个人头，也逐渐与身体分离，从空中飘走。

荣格的父亲急躁易怒，难以相处，他的母亲则因为情绪障碍压抑而饱受痛苦。当荣格实在忍受不了这一切的时候，他就躲到阁楼上去，在那儿他有一个忠实的伙伴——他自己用一小块木头雕刻的人像——给他以精神上的安慰。秘密的契约和袖珍本的祷文同这个木雕人像一起收藏在阁楼里，它们为荣格举行了无数次漫长的仪式。荣格常常与这个木雕的人像作冗长的对话，向它倾吐内心深处的隐秘。

2. 青年时代

11岁那年，荣格从乡村学校转入巴塞尔城内一所很大的学校。在这里，他置身于富有得难以想象的人们中间。巴塞尔的绅士们住的是豪华的公馆，说的是高雅的德语和法语，坐的是套着高头大马、装饰得漂亮精致的马车。他们的子女举止优雅、衣着讲究、花钱大方。这些有钱人家的孩子，整日谈论着去阿尔卑斯山，去苏黎世湖，去荣格也渴望去的那些地方度假。荣格，这个贫穷的牧师儿子，脚上穿着破烂的鞋子和雨水浸透了的袜子到班里上课，对他的同学们充满了嫉妒。荣格对自己的父亲也产生了一种不同的感情，一种前所未有的感情。他甚至开始可怜起他的父亲来，在这之前他从未意识到父亲其实多么贫穷。

学校生活很快变得沉闷乏味，而且占用了太多的时间，荣格认为这些时间本可以用来读他真正感兴趣的书籍。他发现神学班尤其沉闷。他讨厌任何类型的数学，也讨厌体育，他后来由于神经性疾病发作而被准免上体育课。疾病的频繁发作使他缺了六个月的课。在家休息的这段时期，他沉浸在阅读自己喜欢的书籍和探测大自然奥秘的快乐之中，他把这看得比其他一切都更重要。他完全置身于有着树林、岩石、沼泽、飞禽走兽，以及他父亲的藏书的神秘世界中。

荣格12岁的时候，发生了一件改变命运的事情。一个初夏的中午，在荣格等待同学时，一个男孩猛然推倒了他，使他脑部受到了重击。接下来的几个月里，似乎有种神秘的咒语萦绕在荣格的脑中，每当必须回学校或者面对功课时，他便陷入昏厥状态。荣格的父母对儿子的晕厥十分担心，请了一个又一个医生，但始终没能确诊究竟是什么病。一位专家曾认为很可能是癫痫，但据此而进行的治疗却没有任何效果。这段时期荣格本人完全处在兴奋状态中，根本没有把自己的病看得多么严重，直到有一天他偶然听见父亲和两位朋友的谈话，才如雷轰顶，大梦方醒。当时父亲的朋友正问起孩子的病，父亲回答说："医生们已经说不清他究竟出了什么毛病。如果他真患了不治之症，那简直太可怕了。我已经把我仅有的那点积蓄花光了。如果这孩子将来不能自谋生路，前景真是不堪设想。"荣格突然意识到现实的严峻，他马上跑进父亲的藏书室，开始温习拉丁语法。十分钟之后，眩晕的感觉袭上心头，但荣格并未放弃，逼迫自己继续看父亲的拉丁文书，经过几个星期的努力，一切又恢复了原状，仿佛什么都没有发生过。他重新回到学校上课，学习得比以往任何时候都更加刻苦。日后回忆起这件事，他视其为经历一次"精神官能症"，从这次生病的经验中，他真正懂得了神经官能症究竟是怎么回事。这个病症对他而言是个秘密，一个可耻的秘密，但它却诱发了荣格非同寻常的勤奋——每天五点准时起床——而这一切都是为了自己，并非仅仅做做样子。

从童年时代开始，荣格就有过许多他不敢告诉别人的梦、体验和情感，因为问题一旦涉及宗教就被视为禁区。任何时候荣格只要问及有关宗教教义的问题，他得到的回答都只能是："这是不能怀疑的，你必须对它保持信仰。"宗教不仅给荣格的心灵带来困惑，也成为一种障碍，这种障碍使荣格和他的父亲不能彼此交流、相互理解。荣格说他的童年是在几乎不能忍受的孤独中度过的，"这样，我与世界的关系已经被预先决定了，当时和今天我都是孤独的。”宗教信念上的冲突贯穿荣格的整个青少年时期。他没能从书本中找到这些问题的答案。当这种思想冲突使他感到疲劳时，他就靠阅读诗歌、戏剧作品和历史著作获得暂时解脱。同父亲进行宗教问题的讨论，其结局也总是极不愉快，往往伴随着激烈的争吵和生硬的态度。这些尖刻的辩论使荣格的父亲既悲哀又恼怒，可是谁曾想到这位牧师在晚年的时候，竟会比儿子更甚地陷入严峻的宗教信念的冲突。

撇开对神学问题的关注，荣格在学习上也狠下工夫并取得了成功，名列全班第一。荣格 16 岁后，宗教问题上的困惑渐渐被其他兴趣——特别是哲学兴趣——所取代。古希腊哲学家的思想深深地吸引着他，荣格开始系统性地探讨自己拟定的问题，对他而言，柏拉图、毕达哥拉斯、恩培多克勒的思想很美，富有学术气息，不像亚里士多德的唯智论令人厌烦。这其中最令荣格感兴趣的莫过于叔本华(Schopenhauer)的著作，他对世界阴暗面的描述相当符合荣格的看法：对于上帝，他们皆认为上帝乐于唤起人们的阴暗面更胜于光明且积极的一面。这对自幼便开始怀疑上帝是否为完美的荣格而言，无疑是找到了志同道合的伙伴。叔本华关心的是痛苦、困惑、情欲和罪恶等问题。荣格想，终于有一个有勇气的哲学家敢于公开承认，宇宙的秩序并不完全是按照至善原则来制定的。叔本华按照他所看见的世界对生活作了忠实的反映，他并不隐瞒人性的缺陷。这种哲学上的启示，使荣格对人生有了新的展望。

就在这段时期，荣格从一个沉默寡言、缺乏信心的人，一变而成为一个积极活跃、爱说爱笑的人。由于有了较多的自信，他跟许多人建立了友谊，甚至还向他的新朋友谈起自己的某些思想和看法。他的这些思想遭到人们的嘲笑和敌视。最后，荣格终于明白了为什么别的同学总是成心跟他过不去。由于他广泛地阅读了许多不同专业的课外书籍，他接受的知识对其他同学说来完全是陌生的。当他谈论这方面的问题时，他的同学由于完全不懂，就认为他是一个凭自己想象任意杜撰理论和概念的吹牛大王。一些老师则指责他剽窃、抄袭。荣格再次感到孤立，再次退缩回自己的内心世界。

荣格描绘自己在青年时代是一个孤独而书生气十足的人，为宗教和哲学问题所苦恼，对世界充满了寻根究底的好奇心。他显然是个不同寻常的孩子，就像他以后将成为一个不同寻常的人一样。但是许多具有和他同样气质的孩子，却始终没有显示出任何卓越之处。他们往往流于幼稚肤浅，或者成了精神病患者，要不就是在种种怪癖中消磨了自己的一生。

同一时期，荣格还有一段重要的经历。这段经历就如同太阳刚从浓密的云层探出头来一般，他找到了他自己，开始摆脱以别人为意志的生活，对自己有绝对的权威，过着自己想过的生活。渐渐地，他越来越认同一号人格以及他发现的新自我，二号人格的世界慢慢消逝。荣格终于从中解脱了出来。

二、学校教育与职业选择

1. 职业选择

临近高中毕业时，荣格的父母问他将来的志愿是什么，荣格说不清楚。他对许多学科都有兴趣，但这时候他并没有打定主意从事任何专业。科学中的具体研究对象吸引着他，但他同样也倾心于宗教和哲学。他的一位叔父竭力鼓励他研究神学，但荣格的父亲却劝他不要选择这一专业。

报考大学的时间逼近了，荣格对未来的职业还没有做出决定。他感兴趣的四个领域是：科学、历史、哲学、考古学。考古学立刻被排除在外，因为巴塞尔大学没有设置这一专业，而荣格又没有钱去别的地方上大学。他最后选择了科学。开始上课后不久，他突然想到他应该学习医学。奇怪的是在这之前他居然一直没有想到这一点，因为荣格的祖父（荣格的名字就是根据他的名字所取的）就曾经是荣格现在报考的这所大学的医学教授。荣格认为，他之所以没有想到选择他祖父的这一职业，大约因为他生来就不愿仿效他人。荣格的父亲只能提供一小部分学费，其余的部分则靠学校贷款。

父亲在荣格进大学一年后去世，家庭经济状况迅速恶化，荣格担负起了赡养母亲和照顾妹妹的责任，有些亲戚劝荣格赶快放弃学业寻找工作。幸好，一位叔父提供了家庭的日常经济开支，其他亲戚则共同负担荣格的学费，以保证他能够继续念完大学。

学完解剖学课程后，荣格成了一名助教，又过了一学期，他被指定讲授组织学课程。他仍在设法挤出时间继续阅读哲学方面的书籍。到了第三学年，荣格希望做出决定，究竟应专修外科还是专修内科。但最后他放弃了继续深造的打算，因为他根本没有钱来供自己继续学习。

在这个暑假里，荣格经历了几次神秘的体验，这些奇妙的体验注定要影响他的职业选择。在荣格的一生中，梦、幻想以及种种神秘现象一直具有重要作用。特别是当他面临重大选择需要做出决定时。早在童年时期，荣格就十分重视无意识的自发显现，尤其是在梦中的自发显现。

第一件神秘事情发生的那天，荣格正在他自己的房间里学习。突然他听见一声巨响，仿佛有谁开枪射击。他走进隔壁房间，看见母亲正坐在离大饭桌约三英尺的地方，饭桌从边缘到中心裂了一条缝。奇怪的是裂缝并不沿着窄头和接缝，而是顺着坚固的木质破开的。饭桌是用陈年的胡桃木做成的，这种突然破裂不可能是由温度和湿度的变化导致的，荣格对此感到茫然，百思不得其解。

第二件神秘事情发生在一个晚上。这次是一把放在篮子里的面包刀突然碎裂成一堆碎片。荣格把这些碎片拿出去给一位刀匠看。刀匠看了以后说："这是一把好刀，钢材没有问题，一定是有人不知用什么办法把它一点一点地折断了。"多年以后，有一次荣格的妻子病得很厉害，荣格从保险柜里拿出这些刀片，把它们重新拼合成了一把刀。

这些事情发生后不久，荣格开始参加每个礼拜六晚上在亲戚家举行的降神会。他对于神秘事件的兴趣一直没有衰减。在准备博士论文的过程中，他对一个女巫（一个在亲戚家表演降神活动的 15 岁的女孩子）进行了专门的考察和研究。

这些神秘现象促使荣格把兴趣转向心理学和心理病理学。那年秋天返校后，荣格为准备最后的考试阅读了克拉夫特·埃宾（Krafft-Ebing）写的精神病学教材。这本书的第一章就给荣格一种闪电般的震动。他立刻意识到精神病学才是他命中注定要从事的专业。这样，在他 24 岁这年，荣格终于找到了适合自己兴趣、志向和抱负的专业，一切都豁然开朗了。

荣格的老师都为荣格的这一决定感到惊讶，他们不明白他为什么要牺牲很有前途的医学生涯，去从事精神病学这样一种荒唐的职业。搞医学的人通常都瞧不起精神病学和精神病医生。在他们看来，所谓精神病学，完全是胡说八道；而精神病医生本人，也跟他们治疗的精神病人差不多同样古怪。但荣格一如既往地坚持他的这一选择。

2. 正式走上医学研究之路

年纪越大，荣格越是在自然科学和人文科学之间游移不定。虽然将真理建立在事实上的科学颇受荣格的青睐，但是与宗教学有关的一切如希腊、罗马、埃及史学考古也吸引了他的注意，他对埃及和巴比伦的一切都感兴趣，还想成为一名考古学家。就这进退两难时，他忆起了曾祖父曾经是个医生，而学医至少可以和科学结缘，医学的范围又相当广，以后也有许多机会专攻某项领域，所以他最终还是选择了医学。

大学生活对荣格而言是一段美好的时光，他结交了许多和他一样对叔本华、康德有兴趣的朋友，在几次兄弟会会议中，他还发表了关于神学和心理学的演说。大学一年级时，他对某位神学家论述精神现象的书产生了兴趣，这本书详述了“唯灵论”的起源，书中都是小时候耳熟能详的例子，如对鬼魂描述。对荣格而言，这个新天地为他的生活带来一片色彩，虽然连最亲的朋友都认为这比他沉迷于神学还糟糕。毕业后，荣格选修精神医学方面的课程和临床实习，但课程内容并不那么让人感兴趣。在当时的医学界，精神医学并未有完整的发展，医生和门外汉并无二

◎荣格与巴塞尔兄弟会成员（左三），1896年。

◎荣格写给Zofingia兄弟会的一封信，1898年。

◎学生时代的荣格酷爱舞蹈。

致，精神疾病如无药可治的绝症一般。在一次参加国家考试的经历中，荣格掀开了由埃宾所编的教科书，映入眼帘的序言——“大概是由于精神医学的发展还未完全，精神医学的教科书或多或少被贴上了主观的烙印。”——震撼了他的心灵，作者将精神病患归类为人格方面的问题，在这一闪即逝的启示中，荣格获得了清晰的概念，认识到精神医学是他一生中唯一的目标。1900 年 12 月，他在苏黎世的伯戈尔茨利精神病院谋得了助理医师的执照，离开了充满腐朽传统气息的巴塞尔。

这所严格一如修道院的精神病院开启了荣格的精神医学之旅。头几年，他一直对“精神病患的心中到底在想些什么”这个问题感到好奇，但是身边的人却无法完整地回答他，而和这个问题比起来，如何去诊断这些人更能引起他的兴趣。就当时的趋势而言，病人的人格和个性是毫无关系的；病人们依照诊断病历和详细记录而被硬性分类，病患者的心理状况无法吸引医师的兴趣。1904—1905 年，荣格积极参与由布雷勒领导的一个实验计划，主题是如何治疗早发性痴呆，后来布雷勒则将它改名成精神分裂症。在布雷勒的指导下，荣格进一步发展了“字词联想”的测验方式，借着病患者对一连串经过挑选的字词的回答方式和反应时间，来分辨出不同形态的心理情结及原因。接着，他又尝试用电压检流计探测皮肤的方式来量度病患者的心理状态，并试着把字词联想测验使用在侦测罪犯上。1905 年，荣格的努力获得了回报，他升任为苏黎世大学的精神医学讲师，并在同年升格为精神科医院的资深医师，主讲精神心理学，也讲授弗洛伊德的精神分析以及原始人心理学。隔年，他寄给弗洛伊德有关字词联想的研究结果，为他的人生带来了另一项转折。

三、医学生涯及其精神分析运动

1. 精神病治疗生涯

1900 年 12 月 10 日，荣格被任命为苏黎世布勒霍尔兹利（Burghblzli）精神病医院的助理医师。布勒霍尔兹利是欧洲最负盛誉的精神病医院。这个医院的院长欧根·布洛伊勒（Eugen Bleuler）由于擅长治疗精神病并发展了精神分裂症的理论而闻名全世界。荣格庆幸自己能有机会在这样一位名医的指导下工作和学习。

荣格也为终于来到苏黎世感到高兴。在此之前，他几乎一直生活在巴塞尔。巴塞尔在荣格看来是一座沉闷的城市，与之相比，坐落在阿尔卑斯群山环抱下的美丽湖畔的苏黎世，却是一座十分可爱的城市。荣格很小的时候就曾对阿尔卑斯山抱有憧憬，现在他将要在这里度过他的漫长生涯。他的庭院在苏黎世郊外的库斯那赫特，濒临苏黎世湖。后来，他又在湖的尽头修建了一所别墅。

为了熟悉自己所选择的专业，他与世隔绝，待在医院里整整六个月。他一面观察病人，一面广泛阅读有关精神病学的书籍。“一个吸引着我的全部研究兴趣、使我激动万分的问题是：在精神疾患的背后，究竟是什么东西在作祟?”他不只是向布洛伊勒学习，1902 年，他还去巴黎，跟伟大的法国精神病学家皮埃尔·让内（Pierre Janet）学习了几个月。

但真正给予荣格的思想以巨大影响的，却不能不首推弗洛伊德。荣格熟悉弗洛伊德和布洛伊尔（Breuer）对癔症所作的研究，与这一研究有关的论文发表于 19 世纪 90

年代；1900 年，《释梦》一书刚刚问世，荣格就读了这本书。他谈到这本书时说，它对于年轻的精神病学家是“灵感的源泉”。

1903 年，荣格与埃玛·罗森巴赫（EmmaRauschenbach）结婚，她协助荣格的工作一直到 1955 年去世。

1905 年，荣格 30 岁这一年他成了苏黎世大学的精神病学讲师和精神病诊疗所的高级医生。与此同时他也在私人开业，很快就门庭若市，以致他不得不放弃了在诊疗所里的职务。直到 1913 年以前，他一直在大学里讲授心理病理学、弗洛伊德精神分析学以及原始人心理学。

为了对精神病患者的心理反应进行研究，荣格早在诊疗所工作的时候就建立了一个研究实验室。在这些研究中，他采用了字词联想的方法来测验情绪的生理表现。字词联想测验是把一个词汇表上的词汇依次读给病人听，并要求病人对其中首先打动他的那个词做出反应。如果病人犹豫不决，花了很长时间才对那个词做出反应，或者他在做出反应的同时流露出某种情绪，这就表明那个词已经触及荣格称之为情结的东西。荣格对情结所做的研究（其中有些论文发表在美国的科学杂志上）为他在美国建立了声誉，他因此于 1909 年被邀请到马萨诸塞州克拉克大学做有关字词联想测验的讲学。这是他第一次访问美国。他对美国很感兴趣，在这之后他又先后多次访问美国。

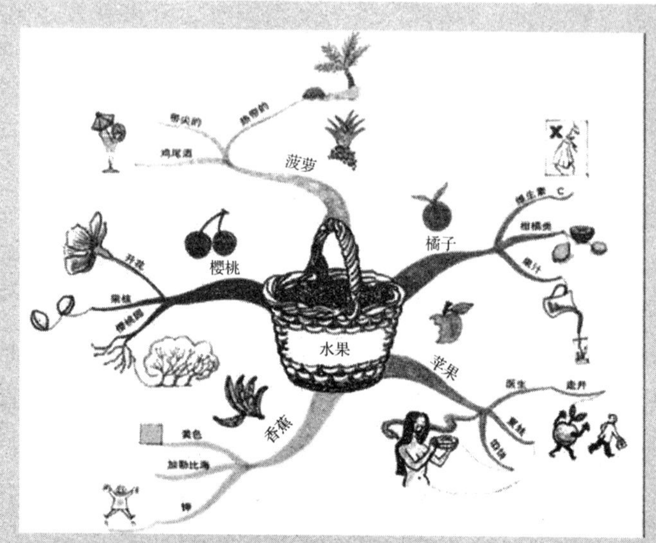

字词联想测验：语词的联想测验是荣格早期研究中最有代表性、最具意义的一项研究成果。这个实验是英国的弗朗西斯·高尔顿于1879年首创的。高尔顿用一张写有75个词的表，逐次让被试进行自由联想，记下每个词从呈现后到被试产生联想所需要的反应时间，然后再对这些联想词进行分析。高尔顿发现，这些联想词不是随意胡乱想出的，而是和被试的思想、情感及记忆有一定联系的。但是，高尔顿及其追随者们并没有继续对此做更深入的研究。后来，现代心理学创始人冯特采纳了高尔顿的方法，在他的实验室里继续进行这项测验，但他没能得到更好的结果。荣格当时运用这项技术是为了发现在精神病人的联想反应词中有哪些是对诊断有利的因素。荣格用一张写有100个刺激词的字表对被试进行测试。当被试说出一个刺激词后，要求被试马上说出他心中想到的第一个联想词。主试记录下反应词和反应的时间。第一次呈现后，马上第二次呈现刺激词表，再测一遍被试的反应。结果发现，一旦被试的认知受到干扰，他就会出现延迟反应。经过反复测验，荣格把那些比平均反应时更长的刺激词，对反应词的记忆错误（指第二次呈现时）和重复的刺激词都称为“情结指示词”（complex indicator）。荣格进而发现通过对这些情结指示词的分析，可以发现被试潜意识中的心理内容，并可据此来分析治疗精神疾患。至此他才发现，“情结”才是导致心理疾病的真正原因，由于情结和自我相分离，它才以心理疾病的形式自发地表现出来，使病人产生了幻想、幻觉、精神不适、焦虑等心理疾病。①

2. 与弗洛伊德的师生友谊

与此同时，荣格一直在认真阅读弗洛伊德的著作，他把自己的论文和第一本著作《精神分裂症心理学》（1907年）寄给弗洛伊德。在这些文章中，尽管有某些保留（特别当涉及童年期性创伤的重要性），但总的说来，他仍然是支持弗洛伊德的观点的。1907 年，弗洛伊德邀请荣格到维也纳作客。两人一见如故，相互倾心，谈话一直持续了 13 个小时！以此他们开始了持续 6 年的私人关系和事业上的友谊。他们每周通信。1909 年，两人同时应邀去克拉克大学讲学，又在一起度过了为期 7 周的旅途生活。1912 年，荣格再次到美国福特汉（Fordham）大学讲精神分析学。

---

① 车文博. 弗洛伊德主义论评. 长春：吉林教育出版社，1992：9.

国际精神分析协会建立的时候，由于弗洛伊德再三坚持，荣格当选为协会的第一任主席。弗洛伊德在这段时期写给荣格的一封信中，称荣格是他的过继长子，他的“王储”和继承人。

经过一段时间的书信往来，荣格决定亲身一访这位大师，1907 年 3 月，两人正式在维也纳会面，并长谈了足足 13 个小时。对荣格而言，弗洛伊德是他所遇见的最重要的人，没有人可以和他相比；对弗洛伊德而言，荣格非犹太人的背景正好可以破除只有犹太人才关心心理分析的偏见，而他在伯戈尔茨利医院的心理医疗背景和经验，他的智慧和日渐高涨的名声，更让他成为心理分析阵营的新星。数年之后，荣格被推选为国际心理分析学会第一届的会长，也是该协会第一本心理分析期刊的主编。

慢慢地，两个人的思想出现了差距，除了对心理学的看法不同之外，弗洛伊德有如父亲式的权威亦让荣格难以接受。在一次的交谈之中，弗洛伊德说：“荣格，我要你答应我一件事，就是永远不要放弃性的理论，我们要让它变成一种教条，一种不可撼动的堡垒。”但荣格对弗洛伊德的性的理论抱持着许多疑点，更无法认同“教条”及“堡垒”这样的字眼，仿佛要压制所有对性理论的怀疑，而这一切和科学判断扯不上关系，只是个人权威的扩张罢了。在这次的谈话过后，荣格便知道两人的分裂是不可避免的了，弗洛伊德需要的可能只是一个听话的乖孩子，能毫无保留地接受他的理论，但荣格需要的却是一个能和他切磋琢磨，将心理学发扬光大的伙伴，他不想牺牲自己思想的独立性。

1909 年 3 月，就在荣格拜访弗洛伊德的最后一个晚上，弗洛伊德任命荣格为心理分析运动的继承者，并开始对他描述自己的看法，但每当荣格问及对灵学的看法时，弗洛伊德却常常以物质主义者的偏见来反驳，斥为无稽之谈。而对于弗洛伊德浅薄的实证主义，荣格有好几次想做出尖锐的辩解。就在这受封为继承人的夜晚，荣格竟然尝试要推翻整个弗洛伊德理论的架构。这次的交谈，对他们的关系有着致命性的打击。心理分析学派也面临分裂成维也纳和苏黎世——也就是弗洛伊德和荣格两派的危机，直到桑德·法兰兹发表了著名的声明“荣格正式不再信仰弗洛伊德”，分裂方公之于世。

3. 和弗洛伊德的决裂

为什么到了 20 世纪，心理学和精神病学领域这两位泰斗的关系会变得如此严峻，本书不打算就这一问题作深入的考察。原因无疑是十分复杂的，是“过度决定的”。这里只要指出一点就够了：从童年时代开始，荣格就是，并且以后一直是一个独立性很强的人，他不可能沾沾自喜于成为某人的门徒、长子或“王储”，他要追寻他自己的思想线索。在《转变的象征》（*Symbols of Trans-formation*）一书中，他就是这样做的。他深知这本书将断送他与弗洛伊德的情谊，一连好几个月他都为这种想法感到苦恼，以致他不能完成该书的最后一章。这一章的题目叫做“牺牲”，而当时荣格所要做出的也正是一种牺牲。

与弗洛伊德和精神分析学分道扬镳以后，荣格形容自己处于一种混乱动摇的状态。他放弃了他在大学里开设的课程，因为他觉得，在精神状况动摇不定的时候去给学生们讲课，这在他是办不到的。在随之而来的“淡季”里，荣格既不能从事研究，也不能读书写作。这段时期，他把所有的时间都花费在分析自己所做的梦和所产生的幻觉上，他要通过这种方式来对自己的无意识领域作一番探索。

跟弗洛伊德决裂之后，荣格开始了他的危险历程。此时的他，39 岁，犹如走入一条死胡同，朋友和同事们背弃了他，他也对科学书籍不感兴趣。在 1914 年时，他辞掉了职位，开始了一连串的旅行，并专心地去探讨自己的潜意识。1918 年，他踏上面对潜意识的道路，竭力寻找历史人物心路历程的资料，以避免因个人偏见对病人产生误判。他认真研究诺斯替教派作家的作品，因为它们最早正视潜意识世界，探讨潜意识和受到直觉世界影响的种种意象。他又从炼金术学中找到和诺斯替教派的历史关联，并发觉这个奠基于中世纪的自然科学其实可称为古代和现代潜意识心理学沟通的桥梁。荣格发现，分析心理学以一种奇特方式和炼金术学不谋而合；在阅读古老的书本时，他发现所有的事物都能各得其所，包括各种幻想意象、他在实践时所累积的经验和知识，以及他从中得出的结论。在荣格的看来，意识心理学能满足对现实生活的解释，但如果要解释精神官能症，一份既往病史则是必需的，因为它比意识里的知识能更深刻地反映一个人；另外，每当需要作非比寻常的决定时，我们就会做梦，如何诠释这个梦，也需要有比个人记忆中更多的知识才行。

四、精神探索与游历考察

三年沉寂以后，荣格的精神又变得活跃起来，他写出他最优秀的著作之一——《心理类型》（*Psy-chological Types*），出版于 1921 年。在这本书中，荣格不仅讨论了他与弗洛伊德和阿德勒（另一个与弗洛伊德决裂了的精神分析学家）之间的性格差异，而且描述了不同性格类型的分类，其中包括对外倾与内倾、思维与情感所作的著名区分。

这段时期前后，荣格又开始在自己家中与学生们定期聚会，并开始了更大范围的旅行。他到了突尼斯和撒哈拉沙漠。他对土著人的精神活动一直有浓厚的兴趣，现在可以直接对他们进行观察了。尽管他并不熟悉当地土著的语言，但却能通过他们的手势、举止，通过他们的面部表情和情绪反应来对他们进行观察。他觉得从这第一次的非洲之行中获得了极丰富的收获和启发。在第二次去非洲旅行前，他事先学习了斯瓦希里语。在一次远征中，他深入到非洲的腹地，然后取道埃及而返。对于荣格，这次旅行是一次扎扎实实的学习过程，因为这使他对原始精神和集体无意识有了亲身的接触。这次旅行的记忆在荣格的心中从未枯萎，他一次又一次地在自己的著作中提到它。

荣格在新墨西哥旅行时，考察了普韦布洛印第安人的宗教信仰。普韦布洛印第安人把他们的宗教信仰作为最大的秘密，直接询问当然毫无结果，荣格只能间接地接近目标。他向他们谈起各种各样的话题，观察他们的情绪反应。一旦他们脸上流露出某种情绪，荣格就知道他已经接触到某种有意义的题目。这是语词联想法的一种新的运用。

荣格一直对东方宗教和神话很感兴趣。去印度和锡兰的旅行更增强了他的兴趣，扩展了他的知识。他写了很多文章论及东方人格和西方人格之间的差异。这种差异通过彼此不同的民俗、信仰、实践、神话等反映出来。荣格指出，东方人的心态主要是一种内倾心态，而西方人的心态则主要是一种外倾心态。

理查德·韦尔赫姆（Richard Wilhelm）是一位中国文化权威，通过与他的交往，荣格逐渐熟悉了《易经》。《易经》是一部古老的教材，它建立了算命卜卦、预测未来的一套体系。韦尔赫姆还引导荣格对炼金术产生了兴趣。荣格后来数年如一日地对炼金术倾注了极大的热情并成为这门冷僻领域的一位卓越权威。荣格的《心理学与炼金术》一书出版于1944年，被列为他最重要的著作之一。

荣格由于对这样一些缺乏科学根据的东西如炼金术、星相学、卜卦、心灵感应、特异功能、瑜伽术、招魂术、降神术、算命、飞碟、宗教象征、梦和幻觉等感兴趣而屡遭批评。在我们看来，这些批评是不公正的。荣格不是作为门生和信徒，而是作为心理学家去研究这些东西的。对他说来，最重要的问题是：这些东西究竟揭示了人类心灵，特别是荣格称之为集体无意识的这一心理层次的哪些方面。荣格从他的早年生涯中知道，人的无意识最清楚地显示在各种征兆、幻觉以及诸如布勒霍尔兹利医院精神病人的妄念之中。在这之后，他又发现，在较为正常的人那里，人的无意识心理最清楚地反映在所谓神秘现象、宗教象征、神话、占星术和梦境之中。荣格既然是一个研究无意识的人，他当然要利用一切机会，通过一切途径来观察人的无意识，而不管其他科学家觉得这多么令人不能容忍。在这方面，也如在其他许多方面一样，荣格丝毫不拘泥于传统与习俗。当然，他在着手具体研究的过程中却始终是一位科学家。

成立分析心理学派之路

自1916年起，他开始为自己的研究结果出版著作或做应邀演讲，在巴黎就自我和潜意识的关系发表了一次讲座，并于1921年出版了《心理类型》一书，他希望能借着这本书来表明自己的观点和弗洛伊德及阿德勒是有所出入的，主要目的在于探讨个人与世界、他人和事物的关系，并讨论了五花八门的意识层面，亦即意识头脑对于世界可能产生的态度。接着，他就宗教和心理学的关系发表著作，出版《基督教时代》，尝试解释基督的出现如何符合一个新时代的开始。对基督现象的研究，让荣格重新思考如何依据个人体验来表达自身的现象，意识和潜意识之间的交互作用，从潜意识到意识的发展，以及人格对每个人的冲击等问题。

慢慢地，荣格将心中的思绪整合，合成了他分析心理学的大纲。他的意识心理学研究的是心灵的结构和动力，分为意识和潜意识两部分，后者扮演补偿意识形态的角色，如果意识太过于偏执，相对地，无意识便会自动显现，以矫正平衡。潜意识可以透过内在的梦和意象来调整，也可能成为心理疾病，它的内容可以外显出来，以投射作用的方式出现在我们生活中。找到心灵力量的动向则是心理分析人员最重要的工作。他指导许多前来求诊的人，让他们接受并学习他的方法，成为心理分析家。但是他常告诉他的学生们："分析是面对面的参与，每一个病人都是独特的例子，而且，只有受过伤的医生才知道要如何帮助人。并且记住，不要追问病人婴儿时期的记忆，不要忘了灵性方面的问题，更不可忘记病人的秘密故事。"

晚年的荣格继续为寻找现代人面临的精神矛盾找寻答案，他隐居于苏黎世湖畔，居住在完全按照自己设计规划的塔楼式住屋中。他在这个安静、能和大自然融合的地方默默地思考，陪伴他的是在1925年前往东非途中所遇到的英国女人露丝·贝利，太太艾玛早在1955年就过世了。1961年6月6日，生命的最后一天，荣格饮下最后一瓶葡萄酒，这位当代思潮中最重要的变革者和推动者，安然地病逝于湖畔的家中。

五、多产的晚年

在自传中，荣格较少谈及他与妻子、儿子和四个女儿的家庭生活。不同于近年来许多传记作者，他从未提及他的性生活。他说，正常的家庭生活对于他是十分重要的，它能够平衡他那个充满梦、幻想和神秘体验的奇妙的内心世界。"我的家庭、我的职业时刻提醒我，我是一个实实在在的普通人，它们保证了我能够随时随地重新返回到现实的土壤。"在库斯那赫特美丽的湖畔家园，荣格给许多病人看过病，他们当中许多是来自世界各国、有名望、有成就的人。

1922年，荣格买下了波林根乡村苏黎世湖畔的土地，在那里修建了一座消夏别墅。别墅的第一部分是一套圆形建筑，类似非洲住房的风格，房间中央是一个火塘，绕墙一周放着帆布床。这种布置显得十分原始，因而，另一座平常样式的两层楼房反倒成了它的附属。荣格的私人居室是一座圆形的塔。一家人都利用一切可能的机会充分享受这座别墅。在这里，他们可以划船，从事园艺和享受大自然的美。值得指出的是，从生下来的那一天开始，荣格住过的每一个地方不是在河边就是在湖畔。

1944 年，荣格摔断了腿，随后紧跟着又发作了一次心脏病。大病痊愈以后，荣格进入了写作的高产期。他认为这是由于他病中休养的那几个月里经历和体验了无数的幻觉、迷狂和梦。躺在床上的那几个月也给了他充分的时间来整理自己的思想。

荣格的妻子于 1955 年去世，在这之后，波林根别墅的愉快旅行就越来越少了。尽管荣格雇有一个花匠和一个料理家务的人，他的女儿们还是轮流来库斯那赫特陪伴和照料他。荣格忠心耿耿的秘书安妮拉·雅菲也天天帮助处理他与世界各地的大量通信。雅菲小姐是荣格必不可少的朋友和助手，她一直留在荣格身边直到他 1961 年 6 月 6 日去世。

荣格生前获得了许多荣誉和颂扬，包括哈佛和牛津在内的许多大学都授予他荣誉学位，他达到那样的高度是不足为奇的。他从不吝惜自己的时间，乐于与人会晤，接受记者和电视台的采访，发表讲话，写通俗文章，回信，接待来自世界各国的访问者。他跟所有的人谈话都坦率自然，毫不装腔作势，不管对方是名人还是中学生。他十分民主，一点也不拿架子或自以为是。

自 1961 年荣格逝世以来，他的影响越来越大。阅读他的著作的人比过去更多了，他的文集被编成十九大卷，现在已有英文译本。他的许多著作还以较为便宜的平装本出版。但直到目前为止，仍没有一本权威性的荣格传记。

荣格的医疗理论和医疗方法，通过设立在全世界许多城市的职业学校而得到广泛传播。不过分析心理学的圣地却仍然是苏黎世，建立于1948年的荣格学院就坐落在那里。来自许多国家的学生在这所学院的不同系科里学习。C. A. 迈尔（Meier）被认为是荣格的继承人，现在是著名的苏黎世技术学校的教授并有自己的诊所和研究室。分析心理学不仅通过它在不同国家和地区的组织，而且通过国际分析心理学联合会而扩大其影响。尽管荣格心理学在大学里的地位和影响不及弗洛伊德，但有迹象表明，美国高等院校里的心理学家们，现在已经开始更多地注意荣格。大学生们则一直对荣格感兴趣，他们广泛地阅读了荣格的许多著作。

荣格本人是不愿意把他的理论搞成任何体系化的教条和公式的，他宁肯积累新事实，获得新发现，而不愿去对旧的东西进行总结。他一再声明，他想要掌握和理解的仅仅是事实，理论对于他不过是某种推测和假设，一旦与实际生活发生冲突，它们就不能不让位于具体事实。

还有一件事情要请读者注意。科学理论是对客观现实的抽象，这一抽象来源于无数具体事实。它们的用途在于揭示人格和人的行为中那些人所共有的方面。抽象的理论怎样见之于特殊的个体人格和个人行为，这一点，正是荣格最感兴趣的。尽管荣格知道理论是十分必要的，但他却并不埋头于抽象的概念、规律和理论，而总是更多地着眼于具体的个人，着眼于在他的诊所里坐在他面前的具体个人的丰富多彩、五光十色的复杂性。荣格是训练有素的科学家，但更是一个人本主义者。他对于人的兴趣，对于人的关怀，并不仅仅出自他作为一个科学家的职业需要。正因为如此，所以各行各业的人都愿意向他请教。

第三章　荣格的分析心理学理论

性格决定命运。—— 荣格

思想的动摇并非是在正确与错误之间左右不定，而是在一种理智与非理智之间徘徊。—— 荣格

当爱支配一切时，权力就不存在了；当权力主宰一切时，爱就消失了。两者互为对方的影子。——荣格

适用于一切的生活处方并不存在。——荣格

由于具有思考的能力，人便得以迈出了动物界。

—— 荣格

不是歌德创造了《浮士德》，而是《浮士德》创造了歌德。—— 荣格

没经过激情炼狱的人从来就没克服过激情。——荣格

文化的最后成果是人格。——荣格

I+We=Fully I（我+我们=完整的我）。——荣格

外向直觉型个性适合于当今许多革新领导人物。

——荣格

一、分析心理学产生的背景

历史的发展轨迹总是遵循着因果发生率，这其中主要有两种对立的观点，一种是时代精神说，一种是伟人说。时代精神说认为，任何一种学说、思想的产生都不是某个人主观臆造出来的，都有其深刻的时代、历史根源。任何

一个人思想的成熟都离不开他生活的世界。而伟人说则强调，天才人物是影响历史轨迹的决定因素。然而，在同一个历史时期，在同一种时代精神的感召下，有时会出现不止一种或甚至完全相反的声音。因此理论是时代精神和天才人物的思想相互作用的结果。正如荣格所说，“凡是由个人单独创造出来的心理学说，必定染有主观的色彩，而弗洛伊德与我才有差异存在”。[①] 下面将分别介绍荣格心理学理论产生的社会历史背景和对荣格有影响的哲学思想背景：科学的进步、病态的社会、信仰危机和哲学思想的影响。

1. 科学的进步

荣格所处的时代，是人类物质文明极大发展的时代。这一时期科学技术得到长足进步，工业迅猛发展，神经学已成为医学科学的一个分支，对有关中枢神经系统的主要轮廓已经相当了解了。尤其是生物学的发展——达尔文的进化论成为19世纪最伟大的科学发现——影响到众多科学家研究思路的变革。然而伴随着物质文明和精神文明的共同进步，人们却没有变得更加幸福，反而感到各种威胁的连续不断，变得更为彷徨、无助和焦虑。这一切迫使人们开始面对现实重新反省，什么是人类灵魂的真谛。正是在这种社会文化背景中诞生了影响西方文明的弗洛伊德主义、存在主义、人格主义、哲学人类学等流派，产生了“上帝已经死亡”“存在即真理”等思想，抛弃了西方传统成见的狭隘视界，抛开了机械地从社会、政治、经济角度着手研究人及社会的做法，开始从文明的、历史的、心理的角度

① ［瑞士］C. 荣格著，黄奇铭译. 现代灵魂的自我拯救. 北京：工人出版社，1987：183.

来考察人类面临的危机，强调人的各种心理需要及其活动的价值。正是在这样一种普遍重视灵魂的价值、人类文明的动机氛围中诞生了荣格的分析心理学。

工业的进步

19世纪中叶以后，工业革命的兴起在很大程度上提高了科技和生产力发展水平，使西方资本主义社会得到很大的发展，同时也推动了社会各种文明的进步。但科学技术和垄断资本主义结合在一起，也导演了各种各样的社会悲剧：经济危机、政治危机以及两次世界大战等。这些都严重地破坏了资本主义社会的基础，使人类“生存在一个动荡不安、神经紧张、混乱、观念失常的时代中”①，人们的心灵处于一种飘摇不定的状态，以至他们对于自己的前景感到渺茫、焦虑不堪和无所适从，“整个西方世界已濒临崩溃的边缘”②。荣格认为，导致这种危机的根源一是对物质利益贪得无厌地片面追求，二是人格面具的过度膨胀，它们导致了人类精神的片面发展，与个性化过程所希望趋向的整合精神背道而驰。

生物学

进化论以及相关的生物学理论是19世纪最伟大的发现。荣格建构原型理论的基本思路也直接受到进化论思想的影响。③ 荣格在设想原型作为一种先验的心灵结构是如

---

① ［瑞士］荣格，黄奇铭译．现代灵魂的自我拯救．北京：工人出版社，1987：347．

② ［瑞士］荣格，冯川译．现代人的精神问题［A］．参见：荣格文集．北京：改革出版社，1997：101．

③ 施春华．心灵本体的探索——神秘的原型［M］．哈尔滨：黑龙江人民出版社，2002：50～51．

何被后代获得的，又是如何在个体后天的经验中起作用的，这些复杂的机制是借用了与进化论相关的生物学理论。

第一，在原型是如何获得的这一问题上，他指出，依照生物学法则，人的身体及器官是人类长期生物进化的结果。通过和生物学的类比，他推测人的精神结构同样是人类长期进化的产物，原型也是人的精神器官。那么原型也像人体的结构特征一样是通过遗传而获得的。

第二，在原型是如何显现出来的或起作用的这一问题上，他提出，原型作为一种纯粹的形式，实际上只是一种可能性，一种倾向或潜能，它必须为后天的意识经验内容所充满时，才能显现出来，具有确定的含义。具体地说，原型是通过表征它的原始意象而显现于意识中的，个体对原始意象的意识就激活了这一原型，从而会产生一种与集体无意识相通的体验。

精神病学

19 世纪，精神病学研究走上了它的第一个高峰。最为关键的是，19 世纪末精神病学已经在某些方面取得了重大的进展：发现了催眠术，并把它作为探索心灵另一层次的一种科学方法；一些关键性的疾病如梦游症、癔症等真正受到重视；多种人格现象在医学上逐渐被认识和接受；精神病学吸纳了多个学科的研究成果，探讨了神经症的病因。精神病学这些成就的取得，虽然离揭示精神疾病的真实原因和进行有效的治疗还有很大的差距，但在某种程度上，为荣格从人类心灵出发，探讨其深层作用和表现，继而提出原型思想提供了必要的基础。

1900 年，荣格于巴塞尔大学毕业后到布尔格荷尔兹精神病医院工作，成了欧洲著名的精神病学家尤金·布洛伊尔教授的助手。在精神病医院工作期间，他发现了一个有利于研究情感活动和生命活动的有效领域，对于他提出原型理论具有重要的意义。荣格称自己在该医院工作的 9 年为“我的学徒期”。在荣格对精神的非理性现象作客观探讨的这一时期，弗洛伊德的《无意识的研究》和《梦的解析》两部著作对他产生了强烈震撼，它们“指出了对个别病例进行更深入研究和理解的捷径”，而给荣格印象最深的是弗洛伊德首次“将心理学引入精神病学”①。

2. 病态的社会

科学技术的迅速发展并没有给人类带来人们期待已久的幸福，反而加剧了社会的矛盾。在 19 世纪 80 年代，欧洲在表面上仍是世界的主宰，帝国的权力至高无上。然而实际上社会并不安定，越来越多的迹象表明灾难即将来临。在欧洲随处弥漫的都是不满的情绪，而以移民为可行的出路。根据范因 1990 年的新增补版《精神分析史》所载：在 1820 年至 1930 年间，约 6200 万人离开欧洲，其中有 1800 万人在 1861 年到 1920 年间移居到当时被认为是民主堡垒的美国。1854 年爆发了克里米亚战争，1870 年爆发普法战争，暴力对抗的威胁始终不断。敏感的知识分子严厉地批评社会，并与当时的道德标准尖锐地对立。

19 世纪末至 20 世纪初，奥地利进入资本主义垄断阶段，社会的尖锐矛盾和常年动乱，使得人们在精神上倍感不安和沮丧，精神病患者日益增多。尤其是奥地利的维也纳，在文化上占主导的是维多利亚女王时代伪善的道德标

---

① ［美］L. 弗雷·罗恩著，陈恢钦译. 从弗洛伊德到荣格［M］. 北京：中国国际广播出版社，1989：3～4.

准和华而不实的文艺风格。占据统治地位的维多利亚文化和宗教竭力反对享乐，尤其是反对肉体快感，因此，维多利亚时代的人经常拼命地压抑私生活中的性欲，或为对神圣天使般的妇女怀有淫欲之心而深感内疚与自责。在家长式统治的犹太人的社会里，宗教气氛浓厚，社会禁忌严格，在男女两性关系上禁忌更甚，尤其是妇女的性本能受到严重压抑，精神受到创伤，心里充满矛盾，以致犹太人家庭中神经症与精神病患者日益增加，成为奥地利当时一种突出的社会病态现象。

3. 信仰危机

科学技术的迅速发展不但激化了社会矛盾，而且导致了连年的战争。中世纪之后人类摆脱了宗教迷信，人类的信仰产生了危机：应该相信什么，理性还是非理性？正如荣格所说："我们的全部文化成就究竟给我们带来了什么呢？可怕的答案就明摆在眼前：人，已经脱离了无忧无惧的状态，恐怖的噩梦笼罩着整个世界。今天，人类理性已经遭到惨败，而人人都想摆脱和躲避的那些东西却像幽灵一般接踵而来。不错，人类在物质财富方面确已取得了很大的成就，然而与此同时，他也给自己造成了一个巨大的深渊。下一步怎么办——他怎样控制事态的发展？自第一次世界大战结束以来，我们一直寄希望于理性，现在我们仍然寄希望于理性，但是我们已经为原子核分裂可能创造的种种奇迹所眩惑，我们给自己许诺了一个黄金时代，但世界注定将变得无限荒凉，无比丑陋。那么，到底是谁，究竟是什么东西导致了这一切呢？不是别的，恰恰是人类精神本身，是人类自身那种无害的、聪明的、善于发明创造和合乎理性的精神。遗憾的是，这种精神恰恰意识不到那始终伴随和缠绕着它的魔鬼。更糟的是，这种精神还竭力避免正视自己的真实面目，而我们也都像发了疯一样地帮助它这样做。啊，老天！保佑我们免受心理学的坑害吧！罪恶的心理学竟让我们可能窥见自己的真实本性，我们还是选择战争的好。过去我们总是把战争归咎于某人造成，然而却没有人看见，我们正在把整个世界推向它正恐惧地想要逃避的战争中去。”

工业技术和自然科学的发展，一方面促进了资本主义的繁荣；另一方面也使其产生了不可调和的矛盾。1929—1933 年，世界性的经济危机席卷资本主义国家；1941—1945 年，第二次世界大战威胁全人类。由于经济因素、社会因素的影响，神经症和精神病患者急剧增加，各种威胁的连续不断，迫使人们开始面对现实，反省过去，探索未来，正是在这种社会文化背景中诞生了影响西方文明的弗洛伊德主义、存在主义、人格主义、哲学人类学等流派，产生了“上帝已经死亡”“存在即真理”等思想，抛弃了西方传统成见的狭隘视界，抛开了机械地从社会、政治、经济角度着手研究人及社会的做法。开始从文明的、历史的、心理的角度来考察人类面临的危机，强调人的各种心理需要及其活动的价值。正是在这样一种普遍重视灵魂的价值、人类文明的动机氛围中诞生了荣格的分析心理学。可以说，是时代造就了荣格，分析心理学理论就是时代的产物。

4. 哲学思想的影响

荣格在时代危机的压力下，走进了西方哲学和宗教的传统，企图获得一种对解决现代社会问题有所帮助的启示。

柏拉图

在古希腊哲学家柏拉图那里，他发现了一种古老的思想，即万事万物都有其被创造的原始模型的观念。这种“原始模型”即荣格所谓原型，关于它的古老性质，荣格解释说：“原型一词最早是在犹太人斐洛谈到人身上的‘上帝形象’时使用的。它也曾在《伊里奈岛》的著作中出现，如：‘世界的创造者并没有按照自身来直接造物，而是按自身以外的原型仿造的。’在《炼金术大全》中把上帝称为原型之光，这个词多次在狄奥尼修法官的著作中出现。例如，在《天国等级》第二卷第四章中写道‘非物质原型’以及在《天国等级》第一卷第六章中写道‘原型石’。原型一词未见于圣·奥古斯丁的著作中，但文中却有此含义。例如，他在《杂说》第八十二条中写道：‘主要观点虽未形成……但确存在于上帝的思想中。’原型这个词就是柏拉图哲学中的形式。”①

荣格的这个回溯，大致勾勒出这样的线索：在他将原型运用于心理学领域，用来解释集体无意识内容之前，“原型”大致涉及两个主要领域，即宗教神学与哲学。早期神学中的原型与哲学中的原型其实是一脉相通的。“甚至绝大多数基督教思想的萌芽，都可以从柏拉图那里找到。”② 斐洛与圣·奥古斯丁等的神学思想，就受到柏拉图哲学的直接影响，其中最重要的影响来源于柏拉图哲学中的理念论，

---

① ［瑞士］荣格著，苏克译．集体无意识的原型，参见荣格文集．北京：改革出版社，1997：40.

② 范明生．柏拉图哲学述评．上海：上海人民出版社，1984：485.

而理念论与原型又有极大的关系。

“理念论”是柏拉图整个哲学体系的基石，在柏拉图那里，理念具有如下特征：它们是世界万物的本原；是感官感触不到的、永恒不变的、独立的客观存在；是万物追求的目的，但自身又有各种不同的高低等级，并组成为理念世界。

不管是柏拉图哲学意义上的原型，还是基督教神学意义上的原型，它们最初的含义基本上是相同的，即原型并不是指可感的具体事物本身，而是指事物最初的始源和事物以外的或者背后的“模型”。它在先哲们对包括上帝在内的事物追根溯源时，被作为事物本原的代名词，作为万物的原始模型。

荣格在柏拉图理论的启发下，借用了原型这一概念，把它引用于人类精神现象的研究，运用于心理学领域，并使这一概念逐渐成熟，形成了一整套原型理论体系。荣格在对人类心理现象的研究中发现，人类精神中有一种基本的无意识倾向，这一无意识特征不仅作为一种预先形成的先天因素，而且作为一种机能倾向显示出来。荣格称这种先天形成的结构因素为原型。

在西方传统文化中，柏拉图的哲学体系以及他的一系列概念，影响了从早期基督教神学到中世纪、近代乃至现代哲学文化，从早期的斐洛、圣·奥古斯丁到托马斯主义，从笛卡儿、莱布尼兹、康德到尼采等，他们所探讨的问题无不与柏拉图的哲学体系有着某种渊源关系。因此，最早提出原型的柏拉图哲学真正成为西方传统哲学和宗教的“原型”，后来的许多思想家的理论可以被认为由这个原型派生的，它们都在不同程度上借鉴和模仿这个原型，而同时又有着各自的独特性。因此，我们可以推论，荣格的原型理论和西方其他思想家的理论也具有这样的渊源关系，很可能还借鉴了其他人的思想或者也可能是与他们的思想不谋而合，同时它也应该是一个有着独特性的理论。

列维·布留尔

在荣格重新提出原型概念之前，已有不少重要的人文科学研究者直接或间接地提出和探讨了与原型内涵相关的许多问题，并取得了重要的成果，这为荣格的研究提供了契机。

法国人类学家列维·布留尔（Levy Bruhl，1859—1939 年）在《原始思维》（1930 年）一书中探讨了原始人的思维与现代人思维的不同，提出了“集体表象”与“神秘参与”两个重要的概念，用以说明原始思维的特点。20 世纪 30 年代正是荣格的原型理论发展和趋于完善的时期，他对布留尔研究成果的继承是显而易见的。他在论述原型时，多次将其和布留尔的集体表象相比，他说：“原型在原始人类心理学中，它们与列维·布留尔的‘集体表象’概念是相契合（的）。”① “列维·布留尔所使用的‘集体的表现’（即集体表象）一词是指那些世界的原始观念中的形象符号，但也同样适用于无意识的内容，因此它实际上指的是同一事物。”②

在布留尔看来，集体表象在某一集体（该集体可以是

① ［瑞士］荣格，苏克译．集体无意识的概念．荣格文集．北京：改革出版社，1997：3～84．

② ［瑞士］荣格，苏克译．集体无意识的原型．荣格文集．北京：改革出版社，1997：40～41．

一种文化，或是一个民族）中世代相传和继承，并且“在该集体的每个成员身上都会留下深刻的烙印”，另外，根据不同的情况或作用方式，集体表象还能够引起该集体中每个成员对有关的表象和象征物产生尊重、恐惧、崇拜等情感，并由此决定着原始思维的主体和客体的神秘的互渗性、非矛盾性。而荣格对集体无意识心理原型的描述是比较接近布留尔关于集体表象这一观点的。荣格以布留尔的上述观点解释了原型象征、原始意象，他指出：“列维·布留尔的‘神秘参与’（Participation mystique）更能说明这一状况，因为它准确地表述了原始人和对象世界的原始关系。”[①] 这说明“它（原型）和列维·布留尔所谓原始人的‘神秘参与’是一样的”[②]。

对于原型来说，原始思维方式的重要性在于它在特定的人类生存背景下，为建立适合当时人与自然的和谐关系提供了一条切实可行的路径，并把这种思维的结果用特殊的模式固定下来。人类通过实践在生物基础上提升自己，原型是这一提升过程中的精神产物和“工具”。布留尔认为神秘参与是原始人思维的“最高指导与支配原则”，它具有关心“神秘的属性和关系”的思维规律。这说明，原型同神秘参与、集体表象等一样，都是人类生存需要和精神需要的自然表现，是关照世界的一种方式。

---

① ［瑞士］荣格，冯川译．美学中的类型问题．荣格文集．北京：改革出版社，1997：207.

② 车文博．弗洛伊德主义论评．长春：吉林教育出版社，1992：642.

二、人格心理学的理论体系

荣格的分析心理学理论是一种人格整体理论体系，因为在这个理论系统中包括了人格结构理论、人格动力理论和人格发展理论，而且在他46岁的时候，还对人格的差异方面进行了研究，提出了人格类型理论。可以说，荣格的分析心理学理论体系既包括了研究普遍规律的一般心理学，还包括描述个体差异的类型心理学，所以是一种整体的人格理论系统。这种说法的意义在于，“这一角度的理解，对于走入荣格的精神世界是最为关键的；同时，它为内容广泛的经验和实验范围内，全面体会荣格理论体系的诸种概念，做了坚实的铺垫。”①

1. 人格的结构要素

在荣格心理学中，人格是被看成是整体的，而且在同一个意义上使用“精神”这个词。它包括了人的所有思想、感情和行为，无论是意识到的，还是没有意识到的。它调节和控制着人，使个体适应周围的环境。荣格认为，“心理学不是生物学，不是生理学，也不是任何别的科学，而恰恰是这种关于精神的知识。”他认为，人生下来就有一个完整的人格，个体的人格一开始就是一个整体，人格不是各个组成部分通过学习和体验逐步叠加形成的。人的整个一生，只是在这种固有的完整人格的基础上，去最大限度地发展它的多样性、连贯性和和谐性，小心警惕着不让它破裂为彼此分散的、各自为政的和相互冲突的系统。分裂的

① 车文博. 弗洛伊德主义. 长春：吉林教育出版社，1992：651.

人格是一种扭曲的人格。荣格认为，人并不致力于人格的完整，它本来就是完整的。作为精神分析家的工作，就是要帮助病人恢复他们失去了的完整的人格，强化精神以使它能够抵御未来的分裂。因此，精神分析的终极目标是对精神的整合。精神由若干不同而彼此相互作用的系统和层次组成。我们可以区分出三个层次，这就是意识、个人无意识和集体无意识。

意识

荣格认为，意识是人心中唯一能够被直接知道的内容。它占据着人格结构的最高层，泛指我们所知道的一切东西，包括知觉、记忆、思维、情感等。它在生命过程中出现较早，很可能在出生之前就已经有了。观察幼儿时我们会发现：儿童在辨别和确证父母、玩具和周围的事物时都运用着意识。这种意识，通过荣格的被称之为思维、情感、感觉和直觉四种心理功能的应用而逐渐成长。儿童并不是平均使用这四种功能，有的功能使用的多些，有的少些，使得儿童一般较多地发展了某一种功能而较少地利用其他功能，从而把一个孩子的基本性格和其他孩子的基本性格区分开来。除了四种心理功能外，还有两种心态决定着意识的方向。这两种心态就是外倾和内倾。外倾心态使意识定向于外部客观世界；内倾心态则使意识定向于内部主观世界，我们将在本章的第四部分详细介绍这四种功能和两种心态。

一个人的意识逐渐变得富于个性，是通过个性化（individuation）过程来完成的。个性化过程在心理的发展中起到了重要的作用。"……用'个性化'这个术语来表示这样一种过程，经由这一过程，个人逐渐变成一个在心理上

‘不可分化的’，即一个独立的、不可分的统一体或‘整体’。”个性化的目的在于尽可能充分地认识自己或达到一种自我意识。个性化和意识在人格的发展中是同步的，意识的开端同时也是个性化的开端，得到发展的意识，个性化也就得到了发展。一个始终不懂得自己、不懂得周围世界的人不可能是一个充分个性化了的人。正是在这种意识的个性化过程中，产生出了一种新的要素，荣格把它称为自我（ego）。

自我是自觉意识的组织，它由能够自觉到的知觉、记忆、思维和情感组成。自我作为意识的门卫担负着选择的任务。某种观念、情感、记忆或知觉，如果不被自我承认，就永远也不会进入意识。我们每天有数不清的体验，但其中绝大多数都不可能被意识到，因为自我在它们达到意识之前就把它们淘汰了。这是一种重要的功能，不然，我们就会被无数挤进意识中的信息所压倒和淹没。自我通过对各种信息的选择和淘汰，能够使个体人格维持一种持续的聚合性，从而保证人格的同一性和连续性。个性化和自我在意识发展过程中协同作用，发展起一种与众不同的人格。个人只有在自我允许新的体验成为自觉意识这一范围内个性化。

自我作为一名挑剔的门卫，它选择“客人”的标准是什么呢？首先，要看主人的爱好，即一个人心理中占主导地位的是何种心理功能。一个人如果是情感型的，那么自我将允许较多的情绪体验进入意识；如果他是思维型的，那么思想就比情绪体验更容易进入意识。其次，要看客人是否令人讨厌，就是说要看一种体验在自我中激发的焦虑程度是否达到了令人不舒服的地步。凡是会唤起焦虑的记忆和表象都容易被拒之门外。再次，取决于主人是否“好客”，即个性化达到的程度。一个高度个性化的人，将允许较多的东西成为意识。最后，要看客人是否强势，即体验本身的强度。强烈的体验可以攻入自我的大门，而微弱的体验则可能轻而易举地被击退。

个体无意识与情结

荣格认为，任何曾经体验过的东西都不会消失无踪。那些被“自我”阻挡在“意识”门外的体验并没有消失，它们潜伏在个体无意识当中。个体无意识是一个容器，蕴涵和容纳着所有与意识的个体化机能不相一致的心灵活动和种种曾经一时的由于各种各样的原因受到压抑或遭到忽视的内容，如令人痛苦的思想、悬而未决的问题、人际间冲突和道德焦虑等。还有一些经验，它们与人们不甚相干或显得无足轻重，由于本身强度太弱，当人们经历它们时达不到意识层，或者不能留驻在意识之中，因而都被储存在个体无意识里。所有这些构成了个人无意识的内容，当需要时，这些内容通常会很容易地到达意识层面。例如，我们知道很多同学和朋友的电话号码，但是平常并不用想这些数字，当我们打电话时，这些电话号码就能被记起。还有，白天没有注意的各种各样的体验，可能会在梦中出现。所以，个体无意识和意识之间是一种双向交流（two-way traffic）。个体无意识有一种重要的特性，即容器中的一组组的心灵内容可以聚集在一起，形成“情结”（complexes）。

情结

个人无意识有一种重要而又有趣的特性，那就是，一组一组的心理内容可以聚集在一起，形成一簇心理丛，荣格称之为“情结”。荣格在使用语词联想测验进行研究的过程中，最早提到“情结”的存在。我们在前一章中已经讲到过语词联想测验，医生把一张词汇表上的词一次一个地读给病人听，并要求病人对首先触动他心灵的词做出反应。荣格发现，有时候受试者需要很长时间才能做出反应。当他询问受试者为什么这样迟才做出反应的时候，被试者却说不出任何原因。荣格猜想这种延迟可能是由一种制止和妨碍病人做出反应的无意识情绪导致的。当他更深一步地进行探究的时候，他发现，与产生延迟反应的那个词有关的一些词也会导致这种延迟反应。荣格于是认为，无意识中一定有成组的彼此联结的情感、思想和记忆（情结），任何接触到这一情结的语词都会引起一种延迟性反应。对这些情结的进一步研究表明：它们就像完整人格中的一个个彼此分离的小人格一样。它们是自主的，有自己的驱力，而且可以强有力到控制我们的思想和行为。

正是由于荣格，情结这个词才进入了我们的日常语言。我们谈论一个人时说他有一种自卑情结，一种与性欲有关的情结，一种与金钱有关的情结，一种“年轻一代”的情结或与其他一切事物有关的情结。所有的人都熟悉弗洛伊德所说的俄狄浦斯情结。当我们说某人具有某种情结的时候，我们的意思是说他执意地沉溺于某种东西而不能自拔。用流行的话来说，他有一种“瘾”。一种强有力的情结很容易被他人注意到，尽管他本人可能并不曾意识到这一点。

荣格描述的一个例子是“恋母情结”，一个人的母亲情结如果非常强烈，他对于母亲所说的和所感觉的一切就极其敏感。在他心目中母亲的形象总是居于首位。他在一切谈话中总是力图尽可能地谈到他的母亲或与他母亲相关的事情，而不管这样做是否恰当得体。他特别喜欢那些有母亲在其中扮演重要角色的故事、电影和事件。他期待着母亲节、母亲的生日，以及一切他能够向母亲表示敬意的机会。他模仿母亲，并接受母亲的爱好和兴趣，甚至会被母亲的朋友们所吸引。他宁可陪伴年老的妇女而不愿陪伴与自己年龄相当的女人。孩提时代，他是母亲的“小宝宝”；成人以后，他仍然一天到晚围在母亲身边转。

在荣格观察到的情结中，有许多是他的病人所具有的情结。他发现情结深深地植根于他们的神经症状中。“不是人支配着情结，而是情结支配着人”。分析治疗的目的之一就在于分解消融这些情结，把人从笼罩在他生活中的这些情结的专横暴虐下解放出来。

然而情结，正像荣格后来发现的那样，并不一定成为人的调节机制中的障碍。事实恰恰相反，它们可能而且往往就是灵感和动力的源泉，而这对于事业上取得显著成就是十分重要的。例如，一个沉迷于美的艺术家就不会仅仅满足于创作出一部杰作。他会执著于创造某种最高的美，因而不断地提高其技巧，加深其意识，并从而创作出大量的作品来。任何人都会想到凡·高，他把生命的最后几年完全献给了艺术。他就像被某种东西支配着，牺牲了一切，包括自己的健康乃至生命去绘画。荣格谈论到艺术家这种“对于创作的残酷的激情”“他命定要牺牲幸福和一切普通人生活中的乐趣。”这种对于完美的追求必须归因于一种强有力的情结；微弱的情结限制了一个人只能创作出平庸低劣的作品，或者甚至根本创作不出任何作品。

情结是怎样产生和形成的呢？最初，在弗洛伊德的影响下，荣格倾向于相信情结起源于童年时期的创伤性经验。

例如，子女要是被粗暴地与自己的母亲分开，这就可能导致他形成一种持久的恋母情结，以作为失去母亲的补偿。荣格不可能长期满足于这样一种解释。他后来意识到情结必定起源于人性中某种比童年时期的经验更为深邃的东西。这种更为深邃的东西究竟是什么？在这样一种好奇心的鼓舞下，荣格发现了精神中的另一层次，他把它称做“集体无意识”。

集体无意识与原型

荣格对情结的分析有着极大的重要性，这使他还在相当年轻的时候就已经在心理学界和精神病学界享有盛誉。当他应邀到马萨诸塞州克拉克大学讲学时，只有33岁。与情结的发现同样重要的是他对集体无意识的发现，这一发现有着更为重大的意义，并使他成为20世纪最卓越的学者之一。荣格也因此而成为一个有争议的人物。

自我作为意识的中心，个人无意识作为被压抑的心理内容的仓库，这些都不是新的思想。自从19世纪60年代，科学心理学作为独立于哲学、独立于生理学的科学出现以来，心理学家们一直在对意识进行研究。19世纪90年代，弗洛伊德开创了对无意识的研究，他的著作是荣格所熟悉的。

意识与无意识通常都被认为来源于经验。按照弗洛伊德的说法，无意识是由于童年时期性经验的压抑而形成的。尽管可能是由于荣格的影响，弗洛伊德后来对这一观点作了修改，但不管怎样，是荣格打破了这种严格的环境决定论，证明了正是进化和遗传为心理的结构提供了蓝图，就像它为人体的结构提供了蓝图一样。集体无意识的发现是心理学史上的一座里程碑。

人的心理经由其物质载体——大脑而继承了某些特性，这些特性决定了个人将以什么方式对生活经验做出反应，甚至也决定了他可能具有什么类型的经验。人的心理是通过进化而预先确定了的，个人因而是同往昔联结在一起的，不仅与自己童年的往昔，更重要的是与种族的往昔相联结，甚至在那以前，还与有机界进化的漫长过程联结在一起。确立精神在进化过程中的这一位置，是荣格卓越的成就。

让我们对集体无意识的内容和性质作一个大致的勾画。首先，它是心理中与个人无意识有区别的一部分，它的存在并不取决于个人后天的经验。个人无意识由那些曾经一度被意识到后来又被忘却了的心理内容所组成，而集体无意识的内容在人的整个一生中却从未被意识到。

集体无意识是一个储藏所，它储藏着所有那些通常被荣格称之为原始意象（primordial images）的潜在的意象。原始（primordial）指的是最初（first）或本源（original），原始意象因此涉及心理的最初的发展。一个人从他的祖先（包括他的人类祖先，也包括他的前人类祖先和动物祖先）那儿继承了这些意象。这里所说的种族意象的继承并不意味着一个人可以有意识地回忆或拥有他的祖先所曾拥有过的那些意象，而是说，它们是一些先天倾向或潜在的可能性，即采取与自己的祖先同样的方式来把握世界和做出反应。例如，一人对蛇和对黑暗的恐惧。人并不需要通过亲身经验才获得对蛇和对黑暗的恐惧，当然亲身经验也可以加强一个人的先天倾向。我们之所以具有怕蛇和怕黑暗的先天倾向，是因为我们的原始祖先对这些恐惧有着千万年的经验。这些经验于是深深地镂刻在人的大脑之中。

对荣格有关集体无意识起源的说法，有一种最常见的批评。生物学家们对进化的机制提出了两种不同的观点。一种观点认为前人通过经验而习得的东西，不需要重新学习就可以遗传给后代，习惯逐渐转变为本能。这种观念被叫做获得性遗传理论或拉马克主义。另一种被生物学家们广泛接受的观点则认为，进化的程序是由胚质（germ plasm）中发生的变异（所谓突变）完成的。那些有利于个体适应环境，增加生存机会和繁衍机会的突变，容易一代一代地传续下去，而那些不利于适应生存和繁衍的突变，则会被淘汰和消灭。

遗憾的是，荣格采用的恰恰是不合时宜的拉马克主义的解释，即对于蛇或黑暗的恐惧，由一代人或几代人通过经验学习获得后，可以遗传给后代。但是应该指出，集体无意识这一概念并不一定要从获得性遗传理论中去寻求解释，它也可以从突变论和自然选择论中获得解释。这就是说，一种或一系列突变，可以导致一种怕蛇的先天倾向。既然原始人暴露在毒蛇的伤害之下，他对蛇的恐惧可以使他小心警惕着不被蛇咬伤。那么，导致这种恐惧并因而导致这种小心警惕的突变，就可以增加人的生存机会，这样，基因胚质中这种变异也就会传给后代。也就是说，我们对集体无意识的进化也可以像对人体的进化那样来说明和解释，因为大脑是精神最重要的器官，而集体无意识则直接依赖于大脑的进化。

在作了这一番必要的说明交代之后，现在让我们言归正传，继续描述集体无意识。人生下来就具有思维、情感、知觉等种种先天倾向，具有以某些特别的方式来反映和行动的先天倾向，这些先天倾向（或潜在意象）的发展和显现完全依赖于个人的后天经验。正像前面说过的那样，如果集体无意识中已经预先存在有恐惧的先天倾向，那它就可以很容易地发展为对某种东西的恐惧。在有些情况下，要使这些先天倾向显现出来，只需要很少一点外界刺激就足够了：我们第一次看见蛇，即使是一条无害的蛇，很可能也会被吓一跳；而在有些情况下，这些先天倾向却需要相当多的外界刺激，才能够从集体无意识中显现出来。

从个体出生的那一天起，集体无意识的内容就给个人的行为提供了一套预先形成的模式。"一个人出生后将要进入的那个世界的形式，作为一种心灵的虚像（virtual image)，已经先天地被他具备了。"这种心灵的虚象和与之相对应的客观事物融为一体，由此而成为意识中的实实在在的东西。如果集体无意识中存在着母亲这一心灵虚像，它就会迅速地表现为婴儿对实际的母亲的知觉和反应。这样，集体无意识的内容就决定了知觉和行为的选择性。我们之所以很容易地以某种方式知觉到某些东西并对之做出反应，正是因为这些东西先天地存在于我们的集体无意识中。

我们后天经历和体验的东西越多，所有那些潜在意象得以显现的机会也就越多。正因为如此，我们在教育和学习上应该有丰富的环境和机会，这样才能使集体无意识的各个方面都得以个性化，即成为自觉意识。

原型

集体无意识的内容被称为原型（archetypes)，这个词的意思是最初的模式。荣格几乎把他整个后半生都投入到有关原型的研究和著述之中。在他所识别和描述过的众多原型中，有出生原型、再生原型、死亡原型、力量原型、巫术原型、英雄原型、儿童原型、骗子原型、上帝原型、魔鬼原型、智力原型、大地母亲原型、巨人原型，以及许多自然物如树林原型、太阳原型、月亮原型、风、水、火原型、动物原型，还有许多人造物如圆圈原型、武器原型等等。荣格说："人生中有多少典型情境就有多少原型，这些经验由于不断重复而被深深地镂刻在我们的心理结构之中。这种镂刻，不是以充满内容的意象形式，而是最初作为没有内容的形式，它所代表的不过是某种类型的知觉和行为的可能性而已。"为了正确理解荣格的原型理论，有一点十分需要注意，这就是，原型不同于人生中经历过的若干往事所留下的记忆表象，不能被看做是在心中已充分形成的明晰的画面。母亲原型并不等于母亲本人的照片或某一女人的照片，它更像是一张必须通过后天经验来显现的照相底片。荣格说："在内容方面，原始意象只有当它成为意识到的并因而被意识经验所充满的时候，它才是确定了的。"有一些原型对形成我们的人格和行为特别重要，荣格对此给予了特殊的注意。这些原型是人格面具（the persona)、阿尼玛和阿尼姆斯、阴影以及自性（self)。后面我们将要对它们详加说明。

原型虽然是集体无意识中彼此分离的结构，它们却可以以某种方式结合起来。例如，英雄原型如果和魔鬼原型结合在一起，其结果就可能是"残酷无情的领袖"这种个人类型。又如巫术原型如果和出生原型混合在一起，其结果就可能是某些原始文化中的"生育巫师"，这些巫师为年轻的新娘们履行仪式，以保证她们能够生儿育女。原型能够以各种不同的组合方式来相互作用，因而能够成为造就个体之间人格差异的因素之一。

原型是普遍的；也就是说，每个人都继承着相同的基本原型意象。全世界所有的婴儿都天生具有母亲原型。母亲这种预先形成了的心象，后来通过现实中母亲的外貌和举止，通过婴儿与母亲的接触和相处，而逐渐显现为确定的形象。但是，因为婴儿与母亲的关系在不同的家庭中，甚至在同一家庭的不同子女间都是不同的，所以母亲原型在外现过程中也就立刻出现了个性差异。此外，荣格还提到，当种族分化出现后，不同种族的集体无意识也显现出基本的差异来。

在前面有关情结的讨论中，我们提到过情结所可能有的几种起源。现在，原型应该被看做是所有这些起源中的一个。因为事实上原型乃是情结的核心。原型作为核子和中心，发挥着类似“磁石”的作用，它把与它相关的经验吸引到一起形成一个情结。情结从这些附着的经验中获取了充足的力量之后，可以进入到意识之中。原型只有作为充分形成了的情结和核心，才可能在意识和行动中得到表现。

让我们考察一下上帝情结是怎样从上帝原型中发展起来的。同所有的原型一样，上帝原型最初也存在于集体无意识之中。当一个人开始接触世界的时候，那些与上帝原型相关的经历和体验就逐渐附着于这一原型并由此而形成上帝情结。这一情结通过不断地积累新的内容和材料而变得越来越强大，直到最后有足够的力量使自己强行进入到意识之中。如果上帝情结在一个人身上占据优势，那么这个人的经历体验和所作所为都主要为上帝情结所统治。他感觉和判断一切事物都带着善与恶的标准；他宣传邪恶的人将要下地狱，圣洁的人能够进入永恒的天堂，他诅咒那些在罪恶中生活的人并要求他们为自己的罪恶忏悔，他相信自己是上帝派来的使者或者甚至就是上帝本人，因而只有他才能向人类启示获得拯救的道路。这种人会被人们看做是妄想狂或者精神病患者。他的情结已经统治和控制了他的整个人格。当然，这是情结以极端的和无限制的方式发挥作用的例子。如果这个人的上帝情结没有吞噬了他的全部人格，而只是作为他人格中的一个部分，他就很可能会较好地为人们服务。

现在我们就来看一看在每个人的人格中都具有重要意义的四种原型。

人格面具 the persona

人格面具这个词的本义是为使演员能在一出剧中扮演某一特殊角色而戴的面具。在荣格心理学中，人格面具的作用与此类似，它保证一个人能够扮演某种性格，而这种性格却并不一定就是他本人的性格。人格面具是一个人公开展示的一面，其目的在于给人一个很好的印象以便得到社会的承认。它也可以被称为顺从原型（conformity archetype）。

一切原型都必须是有利于个体也有利于种族的；否则它们就不可能成为人的固有天性。人格面具对于人的生存说来也是必需的，它保证了我们能够与人，甚至与那些我们并不喜欢的人和睦相处。它能够实现个人目的，达到个人成就，它是社会生活和公共生活的基础。试想有这样一个在大公司里工作的年轻人，他为了能够在事业上有所成就，就必须首先弄清公司对他有什么期望，他应该在其中扮演什么样的角色。这很可能包括某些个人特征如修饰、衣装、风度等；当然肯定包括他与上司的关系，或许也包括他的政治见解，他的寓所和邻居，他所驾驶的汽车的型号，他的妻子，以及许多被认为对公司的形象十分重要的事情。正像俗话所说的那样，如果他手腕高明，他就会稳操胜券。当然，他首先必须把自己的工作做好，他应该勤勤恳恳、任劳任怨、认真负责、积极可靠，但这些品质也不过是人格面具的一部分。一个年轻人如果不能够扮演他所在的公司要他扮演的角色，那他就注定了不可能提职加薪，甚至还可能被解雇。

人格面具的另一个好处是，它所换得的优厚的物质报酬，可以被用来过一种更舒适，或许也更自然的个人生活。一个公司的雇员一天只需要戴八小时的面具，当他下班以后，他就可以从事更能满足他愿望的活动。人们不禁会想到著名作家弗兰茨·卡夫卡。他白天在国家保险公司里勤勉工作，夜里却在写作，从事文学活动。他多次说他讨厌自己所从事的工作，但他的上司从他的工作态度上却根本无法想象他对自己的工作深藏着厌恶之情。许多人都像这样过着双重生活：一种受人格面具的支配；另一种则用来满足其他的精神需要。

每个人都可以有不止一个面具。上班的时候戴的是一副面具，下班回到家里戴的是另一副面具，当与朋友一道玩高尔夫球玩扑克牌的时候，他很可能又戴上另一副面具。但不管怎样，所有这些面具的总和，也就构成了他的“人格面具”。他不过是以不同的方式去适应不同的情境罢了。诚然，人们早就把这种适应看做是社会生活的重要条件，但在荣格之前，却没有任何人提到，这种适应机制实际上乃是一种与生俱来的原型的表现。

人格面具在整个人格中的作用既可能是有利的，也可能是有害的。如果一个人过分地热衷和沉醉于自己所扮演的角色，如果他把自己仅仅认同于自己扮演的角色，人格的其他方面就会受到排斥。像这种受人格面具支配的人，就会逐渐与自己的天性相异化而生活在一种紧张的状态中，因为在他过分发达的人格面具和极不发达的人格其他部分之间，存在着尖锐的对立和冲突。一个人的自我认同于人格面具而以人格面具自居时，这种情况被称之为"膨胀"(inflation)。一方面，这个人会由于自己成功地充当了某种角色而骄傲自大。他常常企图把这种角色强加给他人，要求他人也来充当这样一种角色。如果他有权有势，那些在他手下生活的人，就会感到痛苦不堪。有时候父母也会把自己的人格面具强加给子女，从而导致不幸的结局。那些与个人行为有关的法律和习俗，实际上乃是集体人格面具的表现。这些法律和习俗企图把一些统一的行为规范强加给整个集体，而根本不考虑个人的不同需要。这些都说明，人格面具的过度膨胀给人的心理健康带来的危害是显而易见的。

另一方面，那些人格面具过度膨胀的人本身也是受害者，当达不到预期的标准和要求时，他会受自卑感的折磨，也会自怨自艾。其结果是他可能感到自己与集体相疏远，并由此体验到孤独感和离异感。

荣格有充分的条件和大量的机会研究过度膨胀的人格面具所造成的不良影响。因为他的许多病人就是这种过度膨胀的人格面具的受害者。这些人通常都是些有很高成就的社会名流，但却突然发现自己的生活异常空虚、没有意义。在分析治疗的过程中，他们逐渐意识到多年来他们一直在欺骗自己，意识到自己的情感和兴趣完全是虚伪的，自己不过是对自己完全不感兴趣的东西做出一副感兴趣的样子罢了。经常，他们都已人到中年时，才突然感到过度膨胀的人格面具所带来的危机。治疗的宗旨是不言而喻的：过度膨胀的人格面具必须受到抑制，以便使一个人天性中的其他部分赢回自己的地位。当然，这对于一个多年来一直以自己的人格面具自居的人来说，是一件十分困难的事情。

从过度膨胀的人格面具的教训中，我们可以获得这样的启示：正像欺骗自己比欺骗他人更愚蠢一样，做一个糊里糊涂的伪君子也比做一个自觉的伪君子更不利于心理的健康。当然最理想的是，不应该有任何形式的虚伪和欺骗，然而，不管是好是坏，人格面具的存在却是人类生活中的一个事实，并且还必然要寻求表现，所以最好还是采取一种较为有节制的形式。

荣格认为："人格最外层的人格面具掩盖了真我，使人格成为一种假象，按照别人的期望行事，故同他的真正人格并不一致。人能靠面具协调人与社会之间的关系，决定一个人以什么形象在社会上露面……人格面具原型的一种象征。"我们戴着人格面具表现着我们自己以及我们在社会中的角色。人格面具靠我们的身体语言、衣着、装饰等来体现。我们以此告诉外部世界我是谁，用人格面具去表现我们理想化的我。但在另一方面，人格面具的作用在于它维护了人的虚伪与怯懦，这种反应来自于自身对未知事物或人的恐惧，从而启动了心理防卫机制，使人不自觉地步入了与真实人性不同的心境。人格面具又是一种严格的检查机制，使人的行为在检查的过程之后得到完成。但是我们并不必因此感到自责，人格面具的产生是合理的，它是一种社会的产物。

阿尼玛和阿尼姆斯

正因为人格面具是一个人公开展示的一面，荣格才把它称为精神的“外部形象”（outward face），而把男性的阿尼玛（anima）和女性的阿尼姆斯（animus）称为“内部形象”（inward face）。阿尼玛原型是男人心理中女性的一面；阿尼姆斯原型则是女人心理中男性的一面。每个人都天生具有异性的某些性质，这倒不仅仅因为从生物学角度考察，男人和女人都同样既分泌男性激素也分泌女性激素，而且也因为，从心理学角度考察，人的情感和心态总是同时兼有两性倾向。

千百年来，男人通过与女人的不断接触而形成了他的阿尼玛原型，女人也通过同男人的接触而形成了她的阿尼姆斯原型。通过千百年来的共同生活和相互交往，男人和女人都获得了异性的特征。这种异性特征保证了两性之间的协调和理解。因而，与人格面具一样，阿尼玛和阿尼姆斯原型也有重要的生存价值。

要想使人格和谐平衡，就必须允许男性人格中的女性方面和女性人格中的男性方面在个人的意识和行为中得到展现。如果一个男人展现的只是他的男性气质，他的女性气质就会始终遗留在无意识中而保持其原始的未开化的面貌，这就使他的无意识有一种软弱、敏感的性质。正因为这样，所以那些表面上最富于男子气的人，内心却往往十分软弱和柔顺。而那些在日常生活中过多地展示其女性气质的女人，在无意识深处却十分顽强和任性，具有男人通常在其外显行为中表现出来的气质。

“在每个男人心中都携带着永恒的女性心象，这不是某个特定的女人的形象，而是一个确切的女性心象。这一心象根本是无意识的，是镂刻在男性有机体组织内的原始起源的遗传要素，是我们祖先有关女性的全部经验的印痕（imprint）或原型，它仿佛是女人所曾给予过的一切印象的积淀（deposit）……由于这种心象本身是无意识的，所以往往被不自觉地投射给一个亲爱的人，它是造成情欲的吸引和拒斥的主要原因之一。”

荣格这里说的是：男人天生就禀赋有女性心象，据此他不自觉地建立起一种标准，这种标准会极大地影响到他对女人的选择，影响到他对某个女人是喜欢还是讨厌。阿尼玛原型的第一个投射对象差不多总是自己的母亲，正像阿尼姆斯原型的第一个投射对象总是父亲一样。在这之后，阿尼玛原型被投射到那些从正面或从反面唤起其情感的女人身上。如果这个人体验到一种“情欲的吸引”，那么这女人肯定具有与他的阿尼玛心象相同的特征。反之，如果他体验到的是厌恶之感，这女人一定是一个具有与他的阿尼玛心象相冲突的素质的人。女人的阿尼姆斯心象的投射也是如此。

尽管一个男子可能有若干理由去爱一个女人，但这些理由只能是一些次要的理由，因为主要的理由存在于他的无意识之中。男人们无数次地尝试过与那些同自己的阿尼玛心象相冲突的女人结合，其结果不可避免地总是导致对立和不满。

荣格说阿尼玛有一种先入之见，它喜欢女人身上一切虚荣自矜、孤独无靠、缺乏自信和没有目的的东西，而阿尼姆斯选择的则是那些英勇无畏、聪明多智、才华横溢和体魄健壮的男人。

我们前面说过，许多人因为人格面具过度发达而受害，阿尼玛和阿尼姆斯的情况则往往正好相反。这两种原型往往得不到充分的发展。造成这种差别的一个重要原因是西方文明似乎过分重视性格的一致性，因而歧视男人身上的女性气质和女人身上的男性气质。这种歧视早在童年时期便已开始，那时所谓“假妹子”和“假小子”就经常遭到嘲笑。人们总是希望男孩子成为符合文化传统的男人，期待女孩子成为符合文化传统的女性。这样，人格面具当然就占据了上风，并因而压抑了阿尼玛和阿尼姆斯。

人格面具与阿尼玛和阿尼姆斯之间的这种不平衡所造成的后果，可能是激发起阿尼玛和阿尼姆斯的报复，在这种情形下人可能就会走向极端。年轻的男子可能会过分突出其阿尼玛原型以致使他显得儿女情多风云气少。某些男人之所以有易装癖或成为富于女性气的同性恋者，原因也正在于此。以阿尼玛心象自居的男人甚至可以走到这样的极端，以致他愿意通过激素治疗或生殖器手术来使自己在体态上显得像是一个女人。一个年轻女子也可以完全彻底地以她的阿尼姆斯心象自居，以致改变其女性性征，从而显得更像男人。

阴影（the shadow)

如同我们讲过的那样，阿尼玛和阿尼姆斯心象总是投射到异性身上，并决定着两性之间关系的性质。除此之外，还有另一种原型，这种原型代表一个人自己的性别，并影响到这个人和与他同性别的人的关系。荣格把这种原型叫做阴影。

阴影比任何其他原型都更多地容纳着人的最基本的动物性。由于阴影在人类进化史中具有极其深远的根基，它很可能是一切原型中最强大最危险的一个。它是人身上所有那些最好和最坏的东西的发源地，而这些东西特别表现在同性间的关系中。

为了使一个人成为集体中奉公守法的成员，就有必要驯服容纳在他的阴影原型中的动物性精神。而这又只有通过压抑阴影的显现，通过发展起一个强有力的人格面具来对抗阴影的力量，才能够得以实现。一个成功地压抑了自己天性中动物性一面的人，可能会变得文雅起来，然而他却必须为此付出高昂的代价，他削弱了他的自然活力和创造精神，削弱了自己强烈的情感和深邃的直觉。他使自己丧失了来源于本能天性的智慧，而这种智慧很可能比任何学问和文化所能提供的智慧更为深厚。一种完全没有阴影的生活很容易流于浅薄和缺乏生气。

然而阴影是十分顽强的，它不是那么容易就屈服于压抑。下面的例子很可以说明这一点。一个农夫可能受到灵感的召唤，要他去成为一个诗人（灵感往往是阴影的产物），但这个农夫根本不认为这种灵感的召唤是能够实现的，很可能正因为他作为一个农夫的人格面具过分强大，所以他总是一再拒绝这种内心的呼声。但由于阴影施加顽强的压力，这种内心的呼声不断地扰乱他的心情。这种情形一再发生，他总是不予理睬。直到有一天，他终于不得不做出让步，拿起笔来写诗。当然，肯定还会有一些次要的环境因素推动他做出这一决定，但最强大的影响却必须归功于阴影，因为正是它一次又一次地在这种召唤遭到拒绝时仍然顽强地坚持。甚至那些次要的环境因素也主要是阴影的产物，阴影为它们奠定了基础。就这一点而言，阴影是十分重要和值得重视的原型，它始终坚持某些观念和想象，而这些观念和想象最终将证明可能是对个人有利的。

由于阴影的顽强和韧性，它可以使一个人进入到更令人满意、更富于创造性的活动中去。

当自我与阴影相互配合、亲密和谐时，人就会感到自己充满了生命的活力。这时候自我不是阻止而是引导着生命力从本能中释放和辐射出来。意识的领域开拓扩展了，人的精神活动变得富有生气和活力；而且不仅是精神活动，在肉体和生理方面也是如此。因此，也就毫不足怪，为什么富于创造性的人总是显得仿佛充满了动物性精神，以致那些比较世俗的人往往把他们视为古里古怪的人。在天才与疯狂之间，的确存在着某种联系。极富创造性的人，他的阴影随时可能压倒他的自我，从而不时地使他显得疯狂。

我们不妨考虑一下存在于阴影中的"恶"的因素。人们很可能以为，一旦恶的因素从一个人的意识之中消灭清除干净以后，它们也就一劳永逸地被消灭了。然而事实却并非如此。这些恶的因素只不过是撤退到了无意识之中。只要一个人意识中的自我仍处于良好的状态，这些恶的因素就一直以潜在的状态停留在他的无意识中。但只要这个人突然面临人生困境，发生精神危机，阴影就会利用这一机会对自我实施其威力。那些本来已经摆脱了坏习惯的酗酒者，又突然旧病复发，就是一个明显的例子。当他戒酒的时候，那些使他成为酗酒者的因素被迫撤退到无意识之中，与此同时却随时在伺机反扑；一旦他遭遇逆境，遭受巨大精神打击，面临他所不能驾驭的冲突，这些潜在的因素也就有机可乘。这时候，由于自我的软弱，几乎完全不能抵抗阴影的入侵，而这个人也就又重新变得嗜酒成瘾。阴影具有惊人的韧性和坚持力，它从来不会彻底地被征服。阴影的这种韧性和坚持力，无论在促使一个人行善还是作恶的时候，都是同样有效的。

当阴影原型受到社会的严厉压制，或者当社会不能为它提供适当的宣泄途径时，灾难往往接踵而至。1918年第一次世界大战刚刚结束的时候，荣格在他的文章中写道，当阴影遭受压抑的时候，“我们身上的动物性只可能变得更富于兽性。”接着他又说，“之所以没有任何一种宗教像基督教这样被无辜者的鲜血横流所玷污，之所以世界上从未看见过有比基督教各民族所进行的战争更为血腥的战争，原因无疑就在于此。”这些说法含蓄地表明，基督教教义过分地压抑了人的阴影原型。同样，这些说法也适用于第二次世界大战（这次大战甚至比第一次更为血腥），以及这之后的若干战争。在这些战争以及历史上所曾进行过的无数次战争中，受到压抑的阴影进行了猛烈的反扑，把许多国家卷入到毫无意义的流血牺牲中。

我们在前面说过，阴影决定着一个人和与他同性别的人的关系，至于这种关系是友好的还是敌对的，则取决于阴影是被自我接受容纳，和谐地组合到整个精神之中，还是被自我排斥拒绝，放逐到无意识之中。男人往往倾向于把自己受到排斥和压抑的阴影冲动投射和强加到别的男人身上，因而男人与男人往往处不好。女人的情形也是如此，所以女人与女人也往往处不好。

如同我们在前面说过的那样，阴影中容纳着人的基本的和正常的本能，并且是具有生存价值的现实洞察力和正常反应力的源泉。阴影的这些性质在需要的时候对于个人来说意义重大。人们往往面临某些需要人们做出迅速反应的时刻；这时候人们根本来不及分析估计形势和考虑做出最适当的反应。在这种情形下，人的自觉意识（自我）被形势的突然变化搞得措手不及，而无意识（阴影）就会以自己特有的方式对此做出反应。如果在此之前，阴影有机会获得个性化，它就可能对各种危险和威胁做出有效地反应。但如果在此之前，阴影一直遭受压抑，始终未能个性化，这种本能的汹涌宣泄就可能进一步压倒自我，导致一个人精神崩溃而堕入无能为力的境地。

综上所述，关于阴影原型，我们可以说，它使一个人的人格具有整体性和丰满性。这些本能使人富有活力、富有朝气、富有创造性和生命力。排斥和压制阴影会使一个人的人格变得平庸苍白。

自性 (the self)

整体人格的思想，是荣格心理学的核心思想。正如我们前面讨论人的精神时指出的那样，人格或精神的统一体，并不是像七巧板那样把各个部分拼凑起来组成的。人的精神或人格，尽管还有待于成熟和发展，但它一开始就是一个统一体。这种人格的组织原则是一个原型，荣格把它叫做自性。自性在集体无意识中是一个核心的原型，就像太阳是太阳系的核心一样。自性是统一、组织和秩序的原型，它把所有别的原型，以及这些原型在意识和情结中的显现，都吸引到它的周围，使它们处于一种和谐的状态。它把人格统一起来，给它一种稳定感和“一体”（cne-ness）感。当一个人说他感到他和他自己，和整个世界都处在一种和谐状态之中时，我们可以肯定地说，这是因为自性原型在有效地行使其职能。反之，如果有人说他感到不舒服、不满足，或者内心冲突激烈，感到自己的精神即将崩溃，那就表明自性原型未能很好地开展工作。

一切人格的最终目标，是充分的自性完善和自性实现。

这不是一件简单的工作，而是一项极其复杂艰巨漫长的事业。几乎没有人能够完全成就这一事业。伟大的宗教领袖如耶稣和释迦牟尼，不过是最接近于这一最终目标而已。正如荣格指出的那样，在中年以前，自性原型可能根本就不明显，因为在自性原型以某种程度的完整性开始显现之前，人格必须通过个性化获得充分的发展。

自性的实现在很大程度上要依靠自我的合作。因为如果自我对来自自性原型的各种信息置之不理，一个人就不可能达到对自性的认识和理解。一切都必须成为自觉意识，这样才能使人格获得充分的个性化。

我们可以通过研究自己的梦来获得对于自性的了解。更重要的是，可以通过真正的宗教体验来理解和把握自性。在东方宗教中，那些用来达到自性完善的宗教仪式，例如瑜伽术的凝神冥思，使东方人能够比西方人更容易知觉和把握到自性。当荣格谈论宗教的时候，他所涉及的仅仅是精神的发展而不是超自然现象。

荣格忠告我们，不应该过多地强调自性的完满实现，而应该更多地强调对于自性的认识。对于自性的认识才是获得自性完善的途径。这是一个重要的区分，因为许多人一方面渴望完善自己；另一方面对自己又缺乏起码的了解。他们想一蹴而就，立竿见影渴望有什么奇迹发生，使他们能够转瞬间就达到自性完善的境界。实际上，人格的自性完善，是一个人一生中面临的最为艰巨的任务，它需要不断地约束、持久的韧性、最高的智慧和责任心。

通过使本来是无意识的东西成为意识到的东西，一个人就可以与他自己的天性保持更大的和谐。他很少有刺激和挫折的体验，因为他知道挫折和刺激的根源就在他自己的无意识之中。一个并不真正了解其无意识自性的人，会把他自己在无意识中受压抑的因素投射到他人身上。他遣责他人的过错，实际上这正是他自己未能意识到的自己的过错。因此，他一面批评指责别人；一面也就在把他自己无意识中的某些东西投射和宣泄出来。对自性的了解可以揭穿无意识的投射作用，他就不再硬要去找一个替罪羊来进行谴责和批评。这样他也就不再同别人闹别扭，就会感到与他人与自己都能相处得更加和谐。

我们可以把自性原型描述为一位内心的向导，它与意识中外在的自我有很大的不同。自性原型可以影响、调节和制约一个人的人格，促使人格的成熟，使它更为灵敏豁达。经由自性的发展，人会更加自觉地发展自己的感觉、知觉、理解力和生命的向度。

自性原型的概念，是荣格研究集体无意识的最重要的成果。在对所有其他原型的研究和写作都已完成之后，荣格才最后发现了自性原型。他这样总结说："……自性是我们生命的目标，它是那种我们称之为个性（individuality）的命中注定的组合的最完整的表现。"

人格诸结构间的相互作用

我们一个一个地分别讨论荣格的结构概念，似乎意味着它们是彼此分离、相互区分的，实际情形却并非如此。在人格诸结构之间，存在着多种相互作用。一种结构可以弥补另一种结构的不足；一种要素可以反对另一种要素，两种或更多的结构则可以联合起来形成一种综合。

互补作用可以用外倾与内倾这两种相反的心态来说明。如果在自觉意识中外倾心态是占主导地位的优势心态的话，那么无意识就会以压抑的内倾心态来补偿。这意味着一旦外倾心态遭到某种方式的挫折，在无意识中处于劣势的内倾心态就会跑出来表现在一个人的行为中。正因为如此，所以有的人在一段时期紧张的外倾行为之后，通常紧跟着就变得内倾。无意识总是补偿着人格系统的不足。

互补作用也发生在各种心理功能之间。一个在自己的自觉意识中过分强调思维和情感功能的人，在无意识中却是一个直觉型和感觉型的人。同样，男人的自我与阿尼玛，女人的自我与阿尼姆斯，彼此之间也存在着一种互补关系。正常男子的自我是男性的，而他的阿尼玛则是女性的；正常女子的自我是女性的，而她的阿尼姆斯则是男性的。互补原理给相反的心理要素之间提供了一种平衡，它避免了人的精神陷入病态的不平衡。

事实上所有的人格理论家，不管他抱有什么样的信念，坚持什么样的主张，都认为人格同时容纳着可以导致相互冲突的两极倾向。荣格也不例外，他深信人格的心理学理论必须建立在对抗和冲突原则的基础上。因而，由彼此冲突的要素所导致的紧张（tension），正是生命的本质。没有紧张，也就不会有能量，从而也就不可能有人格。

在人格中，对抗是无处不在的：它存在于阴影与人格面具之间，存在于人格面具与阿尼玛之间，存在于阿尼玛与阴影之间。内倾与外倾相抗衡、思维与情感相抗衡、感觉与直觉相抗衡。自我就像一个来回奔忙的人，游移于社会的外在需要和集体无意识的内在需要之间。男人的女性性质与他的男性性质相竞争，女人的男性性质与她的女性性质相竞争。理性的精神力量与非理性的精神力量之间的斗争从来没有停止过。冲突是生命的基本事实和普遍现象。重要的问题在于：这些冲突最终将导致人格的崩溃，还是能够被人格所承受。如果是前一种情形，这个人就成为精神病人或神经官能症患者，他变得疯狂或半疯狂。如果是后一种情形，如果冲突能够被人格所承受的话，这些冲突就可以为创造性的成就提供动力，使一个人在生活中显得精力充沛。

那么，一个人的人格就必然是发生冲突与争端的场所吗？荣格不这样认为。荣格著作中的一个突出的主题，就是对立面在任何时候都可能结成统一体。荣格一再提出证据证明：对立的双方可以以各种方式统一和综合起来。对立面通过荣格所说的超越功能而实现统一。正是这一人人生而有之的天赋功能，将导致形成一种平衡的、整合的人格。但是人的精神并不像岩石或者树木那样是相对固定不变的，可以在描述一次之后便一劳永逸。相反它是一个不断变化的动力系统。在下一节中，我们将要讲到荣格的人格动力理论。

2. 人格动力理论

荣格心理动力学中的关键性概念是心理能或力比多、心理值、等值原则、均衡原则、前行作用与退行作用以及能量的疏导。荣格认为，人的精神是一个相对闭合的能量系统。其能量（力比多）主要来自通过感官进入到精神系统中来的各种经验。心理能的一个比较次要的来源是本能能量，然而本能能量的绝大部分仅仅被用于纯粹本能的和自然的生命活动。被投入到某一精神要素中的能量总和被称为这一精神因素的心理值。一种心理值的强度只能相对地估计而不能绝对地测定。整个精神系统中能量的分配是由两条原则决定的，即等值原则和均衡原则。等值原则说明的是：一定的能量一旦从某一心理成分中消失，与之相等的能量就必然出现在另一个或另一些心理成分之中。均衡原则要说明的是：心理能总是倾向于从高能量的心理结构转移到低能量的心理结构中，直到双方在能量值上相等。力比多可以沿着两个方向流动。前行流动用于适应外部情境；退行流动用于激活无意识心理内容。本能能量可以转移到新的活动之中，只要这一活动类似于或象征着本能活动。这种转移称为能量的疏导。

力比多（libido）：精神分析术语，指人本能中的一种潜在力量。首先由心理学家弗洛伊德提出。弗洛伊德所提出的性不是指生殖意义上的性，泛指一切身体器官的快感。“力比多”是一种力量、本能，有时表现为性本能。比如，婴儿的性生活就是从吸乳开始的，以后每个阶段都有其不同的特征。儿童以父母为对象的选择倾向称为"俄狄浦斯情结""厄勒克特拉，"具体表现是女孩依恋父亲、男孩依恋母亲。到了青春期，"力比多"就导致孩子摆脱父母，去寻找新的性对象。弗洛伊德认为，治疗精神病的工作在于解放"力比多"，使其摆脱对先前的迷恋，而以自我为中心，从而消除不良症状。其次，荣格也用了力比多这个概念。荣格所说的力比多是一种普遍的生命力，表现于生长和生殖，也表现于其他活动，在身体一切活动中需要寻找出路。

相对闭合的系统

荣格认为，人的整个人格和精神是一个相对闭合的系统，这是一个天生的能量系统，有着自身独特的性质，就好像每个人都有自己的基因编码。所谓相对闭合，也就是说，它是一个相对独立自足的能量系统，因为它还要从外部世界，包括从肉体中获得能量的来源，但这些能量一旦为精神所吸收也就完全属于精神能量而不再是物理能量或化学能量了。换句话说，人的精神领域具有不可外渗的性质，它只有向内输入能量的通道，经由这些通道，来源于外部世界的新的能量被吸收到精神系统之中。这些外来能量的命运，取决于一个已经先行存在的能量系统即精神的性质，并不取决于其外部来源的性质。

来源于外部世界的能量，主要通过我们所触、所见、所感、所闻的一切事物而获得。所有这些内外感觉给我们提供了源源不断的刺激来源，经由这些刺激，精神得到了滋养，其情形正如我们享用的食物滋养了我们的身体一样。

(外部环境和来自身体内部的不断刺激，在精神系统内造成了能量的不断转移和重新分配。正因为如此，人的精神系统总是处在不断变化的状态之中，永远也不可能达到绝对平衡，而只能获得相对的稳定。)

假如人的精神是一个完全封闭的系统，它就可能获得绝对平衡的状态，因为它不会遭受来自外部世界的干扰。在这种情形下，精神就像一池死水，由于缺乏源头活水而很快腐臭干涸。这一点不必过分强调，每一个读者肯定都多次体验过这种情形：一开始一切都进行得十分顺利，但却突然被某种始料未及的突发事件破坏了精神的平衡。最轻微的刺激也可以对一个人精神的稳定造成巨大的破坏。这表明，重要的不是外来能量使整个能量在总量上增加了，而是这种新增加的能量在精神系统中造成了扰动效果。这种扰动效果是由于精神系统内能量的全面再分配造成的。压死骆驼的是最后一根草，极小的压力就可以触动扳机，击发枪炮，致人死命。同样，对一个不稳定的神经系统来说，往往只需要一点点新增加的能量，就可以对一个人的行为造成极大的影响。例如，一句无关紧要、微不足道的评语，往往可能在它所评论的那个人身上引起极其强烈的情绪反应。与此同时，人本身有对于刺激和新鲜事物的需要。一个人的生活会由于缺乏新鲜体验而变得单调乏味、沉闷懈怠。在这种情形下，来自外部世界的震荡会激发人的精神，唤起一种新鲜活泼的感觉。如果精神是完全开放的，其结果将是无穷的混乱；如果精神是完全封闭的，其结果则是停滞与僵化。健康而又稳定的人格介于这两种极端之间。

在荣格看来，人不可能时刻准备着应付一切可能的偶然事件，新的人生经验会强行进入人的精神并破坏系统的平衡。正因为如此，荣格主张人应该周期性地退回到自己的内心世界以恢复精神的平衡。返回内心世界的方法之一是冥思或内省。另一种更为极端的方法——荣格并没有推崇这种方法——则是完全和持久地返回到自己的内心世界。这种方式在专业性术语中被称之为孤独症（autism）或紧张症（catatonia）。具有这种精神症状的人是能够彻底抵御一切形式的外来刺激的。

心理能

人格发展所需要的能量被称之为心理能，荣格有时用"力比多"来命名这种心理能。然而这里所说的力比多，其定义却不能与弗洛伊德的力比多定义相混淆。荣格不像弗洛伊德那样，把力比多仅仅局限为性能量。实际上这一点也正是他们两人理论上的一个重要分歧。在荣格看来，力比多就其本质而言是欲望（appetite），它既可以表现为食欲、性欲，也可以是情绪的欲望。力比多在意识中显现为努力、欲望和意愿。我们说过，心理能来源于一个人所曾有过的那些体验。正像食物被我们的身体所消耗并被转化为生物能和生命能一样，人的经历和体验也被精神所"消耗"，并被转化为心理能。

（除了极其罕有的大脑休克，人的精神也如同人的身体一样，始终在不停地运转。即使当我们进入酣睡状态的时候，精神也仍在不断地制造着梦境。我们可能并不是随时随地都能感觉到所有这些精神活动，就像我们也不是随时随地都能意识到所有那些生理活动一样，但这却丝毫不等于说这些心理活动就没有发生。我们能够回忆起的只是我们所做之梦的极少的一点片断，然而现代科学的证据却表明我们整夜都在不停地做梦。精神不断活动的观点很难为一般人所接受，因为人们已经习惯于把精神活动等同于意识的活动。荣格同弗洛伊德一样，始终致力于纠正这一错误的观念，然而这种错误的观念却一直延续到今天。）

荣格指出，要科学地证明物理能和心理能之间存在着对等关系是不可能的。然而他相信，在这两个系统之间却存在着某种相互影响的关系。这也就是说，心理能可以转变为物理能，物理能也可以转变为心理能。一个不容置疑的例证是：能够对身体产生化学影响的药物，同时也能够导致心理功能的变化。另一方面，思想和情绪也似乎能够影响人的生理机能。心身医学就正是建立在这一基础之上的。而荣格则应该被看做是这一重要的新医学理论的前驱者之一。

心理能不能像物理能那样作定量的测定和计算。电能可以用伏特，放射能可以用拉德来计算和测量，心理能却没有计算和测量的单位。心理能的表现形式既可以是实在的力，也可以是潜在的力，但都是做的心理功。知觉、记忆、思维、感受、希冀、愿望、意欲、努力是心理活动，正像呼吸、消化和排泄是生理活动一样。人格的潜力是诸如先天倾向、潜在趋势那样一些东西。所有这些隐蔽的和潜在的力量都可能随时被激发出来。心理能虽然无法定量地测量，但是却有大小之分，下面就来介绍心理值。

心理值

心理值（psychic value）是荣格最重要的动力学概念之一。所谓心理值，是用来衡量分配给某一特殊心理要素的心理能的计量尺度。当很高的心理值被投入一种观念或情感时，也就意味着这种观念或情感拥有相当的力量以左右和影响一个人的行为。一个赋予美以很高的心理值的人，会投入大量精力致力于美的追求，他会用美的东西来装点他周围的环境，到风景优美的地方去旅游、喜欢美丽的动物、竭力同心灵高尚相貌美好的人交朋友，如果他有才能，他会致力于创作美的艺术作品。而一个并不重视美的价值的人则根本不会做上述事情。他可能在审美享受上投入极少甚至根本不投入任何心理能量。与此同时，他可能赋予权力以很高的价值，并在可能使自己获得权力的活动中投入大量的心理能。

投入某一心理要素的心理能量值不可能绝对测定，而只能相对测定。我们可以拿一种心理值同另一种心理值进行衡量和比较，从而决定其相对程度。我们可以反躬自问，究竟我更爱美还是更爱真理，更喜欢权力还是更喜欢知识，更热衷于财富还是更愿意交朋友，如此等等。更好的办法是我们不妨对自己或他人作一观察，看看我们自己或别人在各种各样的活动中分别投入多少时间和精力。如果某人每周用于挣钱的时间达四十小时，而用于欣赏自然之美的时间才一小时，也就不难判断这两种活动分别具有的相对心理值。测定相对心理值的另一种方式，是让一个人在各种不同的事物中做出选择，注意他最后究竟选择什么。再一种办法就是在他通往某一目标的道路上设置障碍，并观察他在设法克服这些障碍的过程中能够坚持多久。一个在某一目标上只投入了极少能量的人将很快地放弃克服这些障碍的努力。通过对自己的梦所作的记录，一个人可以相当准确地发现自己的心理值集中的方向。如果他的梦大多与性有关而极少与权力有关的话，那么我们完全可以相信，在他那里性比权力有更高的心理值。

人的精神作为一个动力系统，在不断地做出判断和评价，这就是说，不同量的心理能会被分配到不同的心理活动中去。被分配给不同心理活动的心理能，在量上是随时发生变化的。今天我们可能以大量的精力准备功课以应付考试，明天我们可能会把大量的精力用于打网球或骑马。任何一个人，他的心理值比例都不会永远保持恒定模式。

用来测定心理值相对强度的观察方法，只能用来说明自觉意识所具有的心理值，并不能说明存在于无意识中的心理值。如果某一意识活动的心理值突然消逝不知去向，而又没有相应地出现另一种意识活动，那么，根据系统内能量守恒的设想，这一失去了的心理值肯定是跑到了无意识之中。既然对无意识领域不能作直接的观察，那么为了确定无意识中的心理值，也就有必要采用一些辅助的方法，方法之一就是测定某一情结的聚合力。

正像我们说过的那样，情结由一个居中的或核心的心理要素组成，围绕这一心理因素聚集着一大批次要的联想。这些联想的数量，即是测定这一情结的聚合力或吸引力的尺度。聚合力越大，这一情结所拥有的心理力或心理值就越大。例如，如果某人具有做一个“铁腕人物”（strong leader）的情结，那么这一情结的核心，即统治他人的需要，就会把许多相关的经验和联想聚集起来。这一聚集起来的心理丛将包括如英雄崇拜，以名人自居，承担别人不愿承担的责任，做出使别人认可和赞同的决定，事无巨细都要亲自过问，在一切可能的场合发表自己的看法，竭力获得别人的尊敬与羡慕等等内容。每一新的经验都要被这一领袖情结所同化。荣格认为：“如果某一情结有比另一情结更强的同化力，这一情结也就拥有较高的心理值。”

那么，用什么办法才能测定某一情结的聚合力所拥有的能量值呢？荣格建议采用三种方法：①直接观察和分析推论；②情结表征；③情绪反应。

（1）直接观察和分析推论

一种情结并不总是通过有意识的行为来展示其特征。它可以通过梦的形式来显现，也可以通过伪装的形式来显现。因此有必要注意搜集有关的旁证以便揭示其真实意义。分析推论的意义就在于此。例如，某人在与他人相处时可能显得非常卑微恭顺，但人们不久就注意到，这样一个人却似乎总能够达到自己的目的。他属于那种口头上说“不要为我操心”，其结果却是让大家都来为他操心的人；或者他总是说：“要是不可能都去的话，那我就待在家里，你们去。”其结果却是人人都极力让他去而把其他人留了下来；或者像这样一位母亲，她先是为了家庭而牺牲自己，接着就因为自己健康不好而受到家人的照顾和迁就。这些人以微妙的方式达到了控制别人（权力情结）的目的，而又可以不招致任何批评指责，因为他（她）们总是那样富于自我谦让和自我牺牲精神。

一个人大喊大叫地对某一事物表示强烈反对时，很可能恰好隐藏着对这一事物的强烈兴趣。一个口头上说“我最讨厌背后说人闲话”的人，很可能自己正是最爱背后说人闲话的人。那些口头上说“我不计较报酬，我只是喜欢这工作”的人，很可能也正是首先抱怨薪水太低的人。分析心理学家懂得，不能完全听取那些表面上冠冕堂皇的话，而应该看见隐藏在背后的东西。

（2）情结表征

任何行为的反常都可能标志着某种情结。例如有人可能会把一个他非常熟悉的人的名字叫错。当一个人错用母亲的名字来叫自己妻子的时候，这就提示我们，他的母亲情结已经吞噬和同化了他的妻子。情结也可以表现为对某些非常熟悉的事情丧失记忆，被压抑的记忆因为和一种无意识情结有某些联系而沉没在无意识之中。此外，对于某种情境的过分夸张的情绪反应，也标志着这一情境与某种情结之间存在着一定联系。

正像我们在前面讲过的那样，荣格运用语词联想的测验，试图在实验条件下，诱发出情结的表征。通过对某一语词的迟缓反应，根据这一反应的特点，就可以推算出某种情结在心理值上的强度。

荣格说，如果一个人出现过度补偿，这时候要发现其隐蔽的情结就比较困难。所谓过度补偿，是说一种核心情结，被另一种暂时拥有更高心理能量值的情结所掩盖。而这种情结之所以拥有更高的心理值，是因为这个人故意把他的心理能从“真正的”情结转移到另一种“伪装的”情结上。例如，一个人因为自己缺乏男性气概而有一种自卑情结，为此他可能产生一种过度补偿，这种过度补偿表现为锻炼和展示自己强健的肌肉，炫耀自己的男子汉气质，吹嘘自己的性爱功夫，以及对任何在他看来显得女人气的东西表示反感。这个人属于那种因自己身上的女性气质而自卑，因此就对别人身上的女性气质非常敏感和过分指责的人。

过度补偿的另一种表现是：一个人因为有强烈的内疚情结而故意去犯罪。这种人总是渴望被人惩罚和逮捕，甚至为此而精心策划，以便最终能被逮捕并受到惩罚。这种惩罚的意义在于缓解他的内疚情结，至少是暂时地使他那种犯罪感得到缓和。这种情形常常发生在孩子们身上，他们故意做错事情惹大人生气，但真实的动机与其说是出于好斗挑衅，不如说是出于一种受惩罚的需要。

真正的情结一旦被确证，也就不难得以治愈。如果始终着眼于治疗那个“伪装的”情结，那当然不会有什么成效。

(3) 情绪反应

我们已经讲过，过分夸张的情绪反应往往标志着一种潜在的情结。荣格在实验的条件下研究过这些情绪的表现。结合语词联想的测验，他同时还作了脉搏变化的测验、呼吸波动的测验，以及由于情绪性出汗而造成的皮肤导电率改变的测验。当上述变化在给出一个词的同时被测出，这就表明这个词已经接触到某种情结。这时候，测试者就会用属于同一范畴的其他词来继续进行测验，看看是否也能唤起同样的情绪反应。

(4) 直觉

除了上面讲过的那些测试、实验、分析和观察，还有另外一种发现情结的方法。这是一种天生的和自发的能力。这种能力每个人都具备并用它来察觉别人身上发生的哪怕是最轻微的情绪变化和波动。这种能力就是直觉。直觉在某些人身上特别发达，而在另一些人身上则可能很不发达。我们同一个人的关系越亲密，对他的直觉也就越敏感越准确。两个人之间如果存在着一种紧张热烈的关系的话，那么，当其中一个人陷入某种情结，另一个人马上就可以发觉。

心理动力学关心的是心理能在整个心理结构中的分布配置，以及从某一心理结构向另一心理结构的转移。荣格的心理动力学在这个问题上运用了来自物理学的两条基本原理，这就是等值原则（the principle of equivalence）和均衡原则（the principle of entropy）。

等值原则

等值原则要说明的是：如果某一特定心理要素让原来所固有的心理能减退或消逝，那么与此相等的心理能就会在另一心理要素中出现。也就是说，精神能量是不会白白丧失的，它不过是从一个位置转移到了另一个位置。当然实际上，它也可能是同时分散到几种心理要素之中去了。学物理的学生会立刻发现，所谓等值原则，其实就是热力学第一定律或能量守恒定律。

为了进一步弄清这一原则的效应，我们可以作一个类比。如果一个人因为买一双鞋而付出了十元钱，显然，这十元钱本身并没有消逝，它不过是转移到了另一些人的手中。这些人是：商店老板和他的雇员、批发商和他的雇员、工厂主和他的雇员、制革工人以及各种收税人员……与这种情形完全一样，一定的心理能可以从一种值转变为另一种值，或者转变为许多不同的值，转移本身并不消耗任何能量，正像顾客把十元钱递给商店职员时，这十元钱本身并不因此而贬值一样。

精神活动是不会停下来的，如果它没有做这件事情，那么它就是在做另一件事情。我们都知道，男孩子如果对玩具飞机、连环画和警察与小偷的游戏都不感兴趣了，那么这意味着，他的兴趣和注意力将要转移到汽车、小说和姑娘们身上。某种兴趣的丧失总是意味着新的兴趣的产生。即使当我们已经十分疲倦和沉入梦乡的时候，心灵也在不断地制造着种种复杂的幻觉。白天我们用于思考、感受和行动的心理能，一到夜晚就转移到梦境里去了。

然而有时候，一定的心理能的确仿佛消失无踪而没有转变为其他活动。在这种情形下，心理能实际上是从意识中的自我转移到个人无意识或者集体无意识中去了。构成无意识这两个层面的各种心理结构，为了要进行活动，本身也是需要能量的，而且常常需要很大的能量。我们说过，无意识中的这些活动是不能直接观察到的，只能从一个人的行动中加以推测。一个众所周知的例证就是，心理能从意识向无意识转移，往往发生在子女脱离其父母开始独立生活的时候。这时候在他的无意识中就开始了对某个可以代替其父母的人的幻想。这种无意识中的幻想或迟或早会投射和外化到现实生活中的某个人身上，他可能是一位老师，一名教练或者父母的老朋友。这种转移说明无意识的心理值同意识的心理值有着怎样相同的特征。当子女离开父母独立生活时，子女放在父母身上的心理值仿佛是消逝了，实际上它转移到无意识，并以幻想的形式获得显现。在这之后，它又因为一个可以代替父母的对象的出现而再次回到意识中来，并且仍然保持着与原来大致相等的心理能。我们完全可以肯定，如果一个人的性格突然发生改变，其原因就在于心理值的重新分配。无意识心理值对于人的行为的影响通常不那么富于戏剧性，因而也往往是不明显的。但这种影响却随时随地在发生作用。它影响到我们做梦的内容，甚至造成恐惧症、狂躁症和强迫症这样一些神经精神症征兆，以及幻觉、错觉和逃避现实的极端退缩行为等精神病症状。正因为如此，人格的心理动力理论特别适用于精神病医生和精神病学家。但正像荣格所反复指出的那样，它们也同样广泛地适用于犯罪与战争、偏见和歧视、艺术与神话、宗教和神秘主义等形形色色的社会现象。

既然人格系统内的心理能量在任何时候都是一定的，那么人格的各个结构显然要围绕这一定的能量展开竞争。如果某一结构得到的能量较多，其他结构所能得到的能量就一定较少。这里我们又可以通过日常生活经验的类比来说明这个问题，设想一个人每月都有一笔数量有限的钱用以开销，显然，他不能用它来购置他想购置的所有东西，所以他不得不在他的各种各样的需要和愿望之间做出选择和安排。同样，整个精神系统也不得不在它的各种心理结构之间，就能量应怎样分配的问题做出决定。实际上，精神系统能够做出这些“决定”，所根据的是另一条动力学原理，这条原理我们马上就要讲到，即能量分配的问题。

荣格还指出，在能量从某一心理结构转移到另一心理结构的过程中，一种心理结构的特征也部分地转移到了另一种心理结构之中。例如当心理能从权力情结转移到性爱情结的时候，寄托于权力上的心理值的某些方面，就会出现在性爱的心理值中。这时候一个人的性爱行为，就含有希望支配其性爱伴侣的性质。但是荣格告诫我们，不要认为前一种情结的一切特征都会转移到后一种情结中去，后一种情结仍然表现出它自身的特征。荣格说：“某种精神活动的力比多可能会转移到一种对物质的兴趣之中，人们因此就错误地相信这种新的心理结构也同样具有精神的性质。”荣格承认，两者之间或许存在着某种相似性，然而却有着本质的不同。

作为一种普遍规律，心理能从一种心理结构转移到另一种心理结构，必须建立在等值的基础上。也就是说，如果一个人对某人、某样东西或某种活动有强烈的依恋和深厚的感情，那就只有另一种具有同等强度的心理值的东西才能代替先前那种东西。然而有时候，新的兴趣爱好并不能吸引其全部能量，这时候，剩余的能量就会跑到无意识中去。

到此为止，我们关于等值原则的讨论还主要是与单个的心理要素或心理值有关。现在我们要讨论的是，当涉及人格的主要结构——自我、阿尼玛、阴影等时，等值原则的作用又是怎样的呢？作用仍然是相同的，尽管它对于行为的影响要更有意义。如果大量的心理能从自我转移到人格面具，那么它对一个人行为的影响将是非常明显的。这个人不再是“他自己”，相反，他成了别人想要他成为的那种人，他的人格逐渐具有一种类似面具的性质。

某一心理系统一旦过分发达，就会尽可能地从其他系统那里夺取能量。当能量被牢牢约束于某一心理系统时，要夺走它是十分困难的。但是当能量并没有严格地束缚于某一心理系统，或者当能量正从一种系统向另一种系统流动的时候，要夺走它就十分容易。

尽管前面我们曾经举例说明，心理能量可以从自我转移到人格面具中，但是能量的转移却并不总是采取这种直接的方式。可能出现这种情况：一方面能量从自我那儿消失了；另一方面它却并没有转移到某一人格系统，而是同时分散到了好几个人格系统之中。我们也不应该忘记，由于新的能量不断地从外部世界加入到我们的精神中来，因而也就能够在任何心理系统中造成能量水平的增长。使荣格感兴趣的正是这种持续不断的能量输入，和在整个精神系统所进行的这种能量的分配和再分配。正是因为对上述问题的兴趣，荣格的分析心理学才成为真正的动态心理学。

总的说来，等值原理要说明的是：当心理能量从一种心理要素心理结构转移到另一种心理要素心理结构中时，心理能的值保持不变。心理能不会凭空消逝；它可以通过人的各种经验的刺激而增加到人的精神系统中来，却不能从精神系统中被排除出去。

均衡原则

等值原则说明的只是精神系统中的能量交换，并没有说明能量流动的方向。现在我们要问，为什么心理能偏偏从自我转移到人格面具，却没有转移到阴影或阿尼玛呢？提出这个问题，就像问一个人为什么他买的偏偏是一双鞋而不是一本书或一盒糖。这个人很可能回答说："因为比较起来，我更需要一双鞋而不是一本书或一盒糖。"这一回答同样适用于精神系统中的能量转换。心理能量之所以从自我转向人格面具，原因就在于人格面具比阿尼玛或阴影更需要能量。而它之所以需要能量，则因为它拥有的能量比自我、阿尼玛和阴影拥有的能量少。

在物理学中，能量流动的方向由热力学第二定律即一般所说的熵原理做出了说明。熵原理说的是：在两个不同温度的物体相互接触的过程中，热能将从较热的物体转移到较冷的物体，直到这两个物体的温度完全相等。水在两个容器之间的流动也能说明这个问题，只要渠道畅通，容器中的水位就会完全一样。总之，两个物体一旦相互接近，能量就总是从较强的一方转移到较弱的一方。熵原理的作用总是导致力量的均衡。

熵原理被荣格运用来描述人格的动力状态。这就是：整个心理系统中能量的分配，是趋向于在各种心理结构之间寻求一种平衡。简而言之，如果两种心理值（能量强度）

有着不同的强度，心理能就倾向于从较强的一方转移到较弱的一方，直到两方趋于平衡。更复杂一点说，熵原理制约着整个人格系统中的能量交换，其目标是要实现系统内的绝对平衡。当然，这一目标永远也不可能完全实现。应该指出的是：如果这一目标得以实现，也就再不存在什么能量交换，整个精神的作用也就停止了。精神就会出现死寂状态。就像一旦熵的状态完全支配了整个世界，世界就会呈现出死寂状态一样。这时候一切生命活动也就停止了。

精神系统内的绝对平衡之所以不可能完全实现，原因就在于人的精神并不是一个完全封闭的系统。来自外部世界的能量，总是不断地加入到人的精神中来。这些新增加的能量不断地打破平衡创造不平衡。当整个人格动力系统由于各结构之间的某种均衡而处于相对静止状态的时候，新的外来刺激可以打乱这种平衡，内心的平静于是被内心的紧张和冲突所取代。紧张、冲突、压抑、焦虑……所有这些感觉都标志着精神的不平衡。心理能量在各种心理结构之中的分配越是不公平，一个人也就越是体验到内心的紧张和冲突。他可以感觉到自己正在被这些内心冲突所撕裂，有时候他甚至真的被这些内心冲突所撕裂。过分强烈的内心冲突和紧张可以导致人格的崩溃，正像过分强大的压力可以导致火山爆发一样。

然而正像荣格指出的那样，原来在能量上不等的两种心理结构或心理值（一种能量很高，一种能量很低），它们在能量上的平衡化可以导致一种强烈持久的综合。这种综合将使得两种心理结构难以彼此分离。试想有这样一个人，这个人的阴影原型比阿尼玛原型更为强大，于是较弱的阿尼玛原型就想从较强的阴影原型那里汲取能量。但是就在能量从阴影原型中汲取走的同时，更多的来自外部源泉的能量却又加入到阴影之中。这样冲突就仍然在进行，尽管可能只是单方面的。如果冲突最后终于获得解决，两种结构之间达到某种平衡，那么在荣格看来，这种平衡就很难受到外来的干扰。对立面（阴影与阿尼玛）的结合在这种情形下就会是一种特别有力的结合。这个人在他的行为中表现出来的就不仅是单一的男性气概，而是刚强与温柔、力量和怜悯、果断与伤感的混合。对立面能形成这样一种结合，那倒是一件幸事，不过更多的时候却是冲突始终在进行，对立面也不能达到结合。

在阿尼玛和阴影这样一些对立结构之间建立起来的强有力的联合，在人与人之间的关系中也有着极其相似的对应物。两个彼此互不相容的人，最后却往往建立起一种牢不可破的友谊。他们可能吵过无数次嘴，打过无数次架，然而终有一天，一切的纠纷都了结了，他们建立起了一种持久的友谊。不过，这样的结局也是少见的，更多的情形倒是斗争继续进行，或者更糟，两人之间的关系完全破裂而告终止。我们拿人与人之间的冲突来比喻一个人内心的冲突，这种比较并不是简单的类比，因为正像荣格指出的那样，我们同他人的冲突（以及与动物或其他东西的冲突），即使并不始终是，那么也常常是我们人格内部的冲突所产生的投射作用。一个同妻子闹别扭的丈夫，其实正是在同他自己的阿尼玛原型闹别扭。一个人气势汹汹地讨伐那些他认为是罪恶的、不道德的事情，实际上他所讨伐的正是他自己无意识中的阴影。

我们说过，来自外部世界的刺激，可能因为给人的精神带来新的能量而造成心理的紧张和压抑。在正常情况下，这些新增加的能量可以为人的精神所接纳而不致发生严重的心理失调。但如果由于能量配置的不均衡，人的精神先已处于不稳定状态；或者，如果外来的刺激过分强大以致难以驾驭和控制，人就有可能建造一种封闭的硬壳来进行自我保护。根据在精神病医院的经验，荣格从精神病患者身上观察到一种情绪反应迟钝的现象。对那些通常会引起情绪反应的情境，这些病人并不做出相应的情绪反应，只有当设法穿破这种精神的硬壳时，才会导致情感的爆发，这种爆发往往是强烈甚至粗野的。

许多正常人也都有保护自己不受外来干扰的种种办法。正像人们所说的那样，他们把自己的心灵关闭起来，拒不听取任何可能干扰他的信念的事情。这些人往往有极深的偏见，倾向于保守，反对变化，因为他们在一种既成的心理状态中才感到舒适和安全。由于把自己封闭起来拒不接受新鲜事物，他们就可能趋于熵最大死寂状态，我们说过，这种状态只有在一个封闭的系统内才可能发生。

我们经常谈论年轻人的狂躁和老年人的宁静。殊不知年轻人性格的骚动正是由于来自外部世界和来自身体内部的大量心理能同时涌入他的精神系统。只要想一想发生在青春期的生理变化，再想一想刚刚走出家门的年轻人所突然接触到的种种新鲜事物，这种情形也就不难理解了。对突然一下闯入到人的精神系统中来的大量能量，熵定律不可能很快地就发生作用，给新涌入的能量以充分的处置安排。各种不同的心理值之所以不能迅速达到均衡状态，原因就在于，不断获得的新鲜经验在不断地产生和创造新的心理值。熵定律当然也要立刻发挥作用，对这些新创造出来的心理值做出相应的处理，但这本身还得有一个过程，而在这个过程完成之前，新的心理值又随着新的经验而不断产生。有时候两种不同的心理值已经差不多达到了某种平衡，突然之间又出现了第三种心理值，从而在前两种心理值中造成能量的再分配。惆怅、迷乱、紧张、不安、焦虑、惶惑，所有这些情感都以反抗、郁怒、爆发和冲动的形式表现出来。既然如此，我们又怎能够期望他们不那么激动和狂暴呢？

至于老年人的宁静，实际上与年龄本身并没有任何关系，而是老年人曾有过的各种各样的经验，已经和谐地融合到人格之中，造成了所谓宁静。对于老年人说来，任何新的经验都不会使他激动惶惑，因为相对整个精神所拥有的全部能量，一种新鲜经验所能增加的不过是极少一点，不会产生在年轻人身上可能产生的影响。

在整个人格动力系统中，均衡原则要付诸实行还存在着另一种障碍。当某一心理结构高度发达并在整个精神系统中占据强有力的位置时，它总是倾向于脱离精神的其他部分而独立出来。它就像一个专制独裁的君主，除了垄断一切新获得的能量之外，还要不断地从其他心理组织中夺走越来越多的心理能量。这时候能量不是从较强的心理组织转移到较弱的心理组织，而是反过来，从较弱的一方转移到较强的一方。这样，整个精神就变得极不平衡，占统治地位的心理结构变得越来越强大，而许多不发达的心理结构则变得越来越弱小。一种强大的情结会吸引大量的新经验，就像一个富裕而又强大的国家可以通过投资和占用新发现的能源而变得更加富裕和强大一样。人格结构中的这一专制倾向可以在一段时间内保持稳定的影响，但或迟或早，由于均衡原则的作用，这个占据统治地位的情结最终要被推翻，这种如同堤坝突然崩溃而造成的某一强大心理结构的能量外流同样也可能导致灾难性的后果。

荣格指出，任何极端的状态都隐含着它的对立面，某种占统治地位的心理值，经常突然转向它的反面。这就是说，一个有很强大的权力情结的人，很可能突然变得非常卑微，恭顺；或者，一个人格面具极其发达的人，可能突然卸下他的假面具，成为一个对社会有威胁的危险人物。作为一个精神分析专家，荣格有充分的条件和大量的机会，得以从他的病人身上观察到这种人格的突变。一个人的行为和人格发生这种惊人的变化，正是由于均衡原则在起作用。聚集在某一情结中或某一心理结构中的大量能量突然之间全部枯竭，转移到它的对立面。由此可见，过分片面发展的人格往往是不稳定的。

均衡原则在心理结构中的具体体现者是自性原型。我们还记得，自性作为最重要的原型之一，它的任务就是把人格的各种结构整合起来。此外，荣格还提出另一种整合即超越作用，这一点我们将在第四章中加以讨论。

前行与退行

心理动力学中最重要的概念之一是心理能的前行与退行（progression and regression)。前行指的是能够使一个人的心理适应能力得到发展的那些日常经验。尽管有些人的人格仿佛已经得到了完全的发展，但这其实是把自觉意识的活动误认为整个心理的适应。既然环境和经验都在不断变化，一个人的进步也就是一个持续不断的过程，因而适应的过程也就永远没有止境。

力比多的前行可以说是同外部世界的要求同步的。从生命开始的那一天起，人就按照他的先天倾向以一种特殊的心理功能去把握世界。由于以一种特殊的方式作为开端，精神活动在方向上就是片面的。如果这种心理功能的片面性占据了太大的优势和太强有力，在它的整个进程中，它就会把一切经验和能量都尽可能地吸收到自身中来。然而毕竟有一天，原有的心理功能不再能够应付和适应环境，这时候就需要有一种新的心理功能。举例来说，如果情感是一种占优势的心理功能，而新的情况又只有依靠思维功能才能够适应和把握，这时候情感活动就不再适合于这一新的情况。在这种情形下，情感就失去了它的力量，心理能在情感这一心理功能中的前行也就停止了。这一改变使人原有的自信和把握随之瓦解，取而代之的是对各种混乱无序的心理值重新加以协调。这时候此人显得无所适从，像"堕入了茫茫大海"，主观的心理内容和心理反应也因为找不到出路而聚集起来，这就使人的精神变得十分紧张。

为了重新恢复力比多的前行，两种彼此对立的心理功能（在这里也就是情感和思维）就必须联合起来。思维和情感必须处于一种相互作用彼此影响的状态，这样才能避免各种心理功能在其发展过程中互不平衡互不协调的状况。如果这一点办不到，心理能的前行就停顿下来，而两相对立的心理功能也不可能协调起来。

幸亏心理能的退行出来中止这一冲突，这种不协调才不至于无休止地持续下去。退行是力比多的反向运动。通过对立面之间的摩擦碰撞和相互作用，这些对立面逐渐被退行的过程剥夺了心理能量。力比多的前行把能量赋予心理要素，力比多的退行则把能量从心理要素那里拿走。在整个发生冲突的危机期间，由于退行的作用，对立双方都丧失了心理能，这样新的心理功能才能够逐渐得到发展。

这种刚刚发展起来的心理功能一开始还只是在有意识的行为中间接地表现自己。如果接着我们上面所举的例子，那么这种新的心理功能也就是取情感而代之的思维功能。

退行作用使思维得以激活而成为一种新的心理功能，当它刚刚到达意识领域的时候，在形式上显得有点粗糙和陌生，还带有一定的伪装，或者像荣格生动描述的那样，“它身上还带着地层深处的淤泥”。所谓“地层深处”，说的是人的深层无意识，思维功能就正是从那儿被召唤出来的。当情感还是占统治地位的心理功能的时候，一切心理活动都带有情感的倾向，与其他心理功能（如思维）相关的心理因素能被小心地排斥在外。这样思维功能就从未获得过任何发展机会。只要情感功能仍然占据统治地位，它就始终得不到使用、锻炼和分化。

退行作用激活了无意识中的心理功能，这种新激活的功能现在面临着适应外部世界的复杂任务。一旦新的心理功能在适应过程中取得了初步成绩，力比多的前行就又一次重新开始了。通过前行作用，新的思维功能可以逐渐形成一种确定感和自信心，这种情形就像先前情感倾向伴随着能量的前行，也日益形成着自己的确定感和自信心一样。

心理的适应作用并不仅仅意味着对外部世界所发生的事件做出适应，一个人同时还必须适应他自己的内心世界。如果情感在一个人的意识生活中是占优势的心理功能，那么这个人对自己无意识的把握，就会采取一种思维性模式。起初这可能并不成其为问题，然而长此以往，单是思维功能就显得很不够用，这时候情感功能也往往不得不参与进来。这就像在把握外部世界的过程中，当情感功能不够用时，思维功能也不得不参与进来一样。

荣格说，一个人“只有当他适应了自己的内心世界，也就是说，当他同自己保持和谐的时候，他才能以一种理想的方式去适应外部世界所提出的需要；同样，也只有当他适应了环境的需要，他才能够适应他自己的内心世界，达到一种内心的和谐。”这两种适应作用的相互依赖，意味着忽视其中一种也就必然损害另一种。然而遗憾的是，在现代生活中，人们强调对日新月异的外部世界的适应和调整，却没有意识到，如果不同时注意对内心世界的适应和调整，对外部世界的适应是不会十分成功的。要达到身心和谐协调，前行作用和退行作用同样都是必要的。

荣格指出，退行作用还有另一种好处，因为它激活了无意识中拥有丰富种族智慧的原型。这种种族智慧往往保证了一个人能够成功地解决他在现实生活中所面临的种种迫切问题。譬如，在面临某种危急而又艰难的处境时，英雄原型就可以为这个人提供他所需要的勇气。荣格主张人应该周期性地退缩到自己的内心深处，这样做的目的并不是为了逃避现实，而是为了从无意识能量贮藏所里获得新的能量。实际上我们每天晚上睡觉的时候，就是在从无意识中汲取能量。睡眠为我们提供了沉潜到无意识中的机会，同时它也提供了无意识得以在梦中显现自己的机会。遗憾的是，现代人对梦为我们提供的力量和智慧并没有给予充分的重视。

荣格提醒我们不要把能量的前行和人格的发展混为一谈。前者涉及的是能量流动的方向，后者涉及的则是心理结构心理组织的发展演变即个性化。能量的前行与退行类似于涨潮和落潮。当然，前行作用和退行作用通过激活各种心理结构和心理组织，也可以间接地影响一个人人格的发展。

能量的前行与退行也不应该同外倾和内倾混为一谈。尽管从表面上看，它们有些类似，但实际上，能量的前行与退行都同样既可以以外倾的形式发生，也可以以内倾的形式发生。前行与退行属于能量和动力的概念，而不属于我们在上一章中加以讨论的心理结构和心理要素方面的概念。

能量的疏导

心理能也同物理能一样，是可以疏导、改变和转移的。或者，用荣格的话来说，它可以被导向某种方向。

通过与物理能的类比，我们更容易理解和说明心理能的疏导。例如，瀑布作为观赏的对象可以赏心悦目，但是除了这种审美价值，它对于人类来说，几乎没有任何用处。然而一旦通过向下输送的管道把它引导到电站的涡轮上，它就可以产生电能。电能通过电线的传输又可以适用于种种目的。人类总是通过驯服和驾驭各种能源来为人类服务。这种驾驭能源的方式有时候十分简单，例如利用风力鼓动船帆，利用木材和煤炭取暖做饭，利用水力转动水轮，等等。有时候就要复杂得多，例如利用汽油或别的燃料来发动引擎和蒸汽涡轮，以及近年来核电站对于核能的应用等等。我们的身体把从食物获得的能量转变为肌肉的能量，我们的精神也同样在转换和疏导着各种精神能量。我们不妨看看这些工作是怎样进行的。

人的自然能量来源于人的本能。本能能量如同瀑布一样，其运动始终沿着它自己固有的方向和坡度；而且也同瀑布一样，并不从事任何人类的工作。这种自然能量必须被转移到新的轨道之中，才能从事人类的工作。“正像水电站模仿瀑布并从而获得能量一样，人的心理机制也有模仿本能，从而能够将自然能量应用于特殊的目的……（的功能）本能能量被疏导到本能对象的类似物之中，这样就实现了本能能量的转化。”这种类似物，也就是荣格所说的象征（symbol）。水电站就是瀑布的象征。

现在我们再来看看荣格所说的“工作”（work）究竟是什么意思。一个完全按本能生活的人，也就是说，与文明人刚好相反的自然人，他的生活同动物一样，完全服从于本能的需要，始终与本能需要保持同步。他饿了就吃，渴了就饮，性欲勃发的时候就交媾，受到惊吓的时候就逃跑，发怒了就拼斗，疲倦了就睡觉。他遵循本能为他规定的方向和轨道，就像河水遵循河床为它规定的方向和轨道一样流过田园乡间。这一切就像烟要袅袅上升，鲑鱼要游到河的上游去产卵，候鸟冬天要迁徙到南方去一样自然而然。处在自然状态中的人没有文化，没有象征形式，没有技术的发展，没有社会组织，没有学校和教堂……只有当自然能量开始转入文化的和象征的轨道，这时候才有荣格所说的“工作”。

那么这种转变要怎样才能发生呢？荣格的回答是，通过模仿和制造类似的东西。任何一种东西都有与它相似的另一种东西。例如，力的物理学概念就起源于我们对自己肌肉力量的感知。

能量疏导的一个很好的例证是澳大利亚土著举行的春天仪式（spring ceremony），“他们在地上掘一个洞，周围放上许多灌木，使它看上去仿佛是女人的生殖器。然后他们就围着这个洞跳舞，手执长矛位于身体的前方以代表勃起的阴茎。他们一边围着洞跳舞，一边把手中的长矛掷入洞中，同时口中发出‘不是洞，不是洞，是——’的喊叫。……毫无疑问，这是一种能量的疏导，是以舞蹈和模仿性行为的方式，把能量向本能对象的类似物转移”。还可以引证许多例子来说明这种能量的疏导。普布洛印第安人（Pueblo Indians）的野牛舞，是年轻人未来的狩猎活动的准备和预演。澳大利亚阿朗塔斯（Arundas）部落的土著，在他们部落的某一成员被另一部落的人杀死以后，就要举行一种仪式，这时候死者的头发被用来缚住那些已被选中的复仇者的阴茎和口唇。这就使他们分外地愤怒，从而也就更加刺激起复仇的火焰。在原始部落中还有许多这样的仪式，如保证大地丰产的仪式和舞蹈，祈雨的仪式和舞蹈，驱魔的仪式和舞蹈，准备战争的仪式和舞蹈，使妇女多产的仪式和舞蹈，希望获得力量、权力和健康的仪式和舞蹈。所有这些仪式的复杂和烦琐表明：为了使心理能量从日常生活习惯的自然方向上转移到一种新的活动中来，需要付出多大的努力。这种努力完全可以与修建水电站以获得电力的工程相比较。

所有这些原始仪式的意义和价值就在于，它们把人的注意力转移到将要进行的工作和将要完成的任务之中（例如捕杀野牛或种植庄稼），因而也就增加了成功的机会。这些仪式的作用就像是一种训练和安排，以便使人对他将要

从事的工作作好精神上的准备。

荣格告诫我们，重要的是要记住：象征虽然类似它所象征的东西，却不能等同于这些东西。水在河床中流动虽然与电在电缆中流动相似，然而电流毕竟不同于水流。上面说到的舞蹈虽然明显地模仿着性交，然而它毕竟不是性交。钻木取火类似于性行为，然而也不是性行为。文化和技术的活动虽然有与本能活动相似的起源，但是一旦它们产生和发展起来，也就有了自己独立的性质和特征。

荣格注意到现代人更多地依靠意志而不是依靠仪式。他一旦决定应该做什么事情，就径直去做这件事情并学会怎样做好。除非作为娱乐，否则他绝不在舞蹈和诵诗仪式中浪费时间。当然荣格也指出，当对于某种新的冒险缺乏成功的信心的时候，现代人也仍然要借助于仪式甚至巫术的活动。

“意志活动”也同样要制造出原始本能的类似物（象征）。这些相似的对象和相似的活动对人的想象起到刺激和鼓舞的作用，因而人的精神总是被它们所吸引、笼罩和占据。这就给人的心灵以一种刺激，使它为这一对象而做出各种各样的努力，从而在它身上获得新的发现。如果没有这种刺激，所有这些发现都是根本不可能的。荣格注意到现代科学其实是原始巫术的派生物。科学的时代使人类掌握和驾驭自然现象的梦想变成了现实。通过把能量从人的本能引导到本能的科学象征之中，人类已经能够改造整个世界。如同荣格所说的那样，“我们有一切理由……给象征以应有的尊敬，因为它作为最有贡献的手段，把纯粹本能的活动改造为一种有效的工作”。

在物理自然中，只有极小一部分自然能可以转变为有效的工作能，绝大部分都仍然保持其自然状态。本能能量也是如此：只有一小部分可以被用来制造象征，更大的部分仍然保持其自然趋势以维持生命的运转。只有当我们创造设计出一种强有力的象征时，我们才能够依靠“意志活动”成功地将一部分力比多（心理能）从自然能转化为心理能。

尽管力比多完全被用于维持人格系统，却仍有一定的能量闲置不用，因而有利于创造新的象征。力比多有这种剩余，是由于人格系统不能成功地在系统内部平衡能量强度所导致的。举例来说，如果心理能由人格面具输送到阿尼玛原型，而阿尼玛原型又不能吸收其全部能量，就会有一些能量剩余出来。正是这些剩余能量最适合被疏导转移来创造新的象征（类似物）。这些新创造出来的象征将引导我们从事新的活动、产生新的兴趣、获得新的发现和走向新的生活方式。这种剩余精力（力比多）使人类能够从自然本能的产物开始，经过迷信和巫术的阶段，走向科学、技术和艺术的现代纪元。当然，有时候这种剩余的能量也被用于破坏的甚至是残暴的目的，可见“意志活动”既可以用于创造也可以用于毁灭。

3. 人格的发展过程

人格的成长包括两种相互交织的趋势：一种是构成全部精神的诸结构的个性化；一种是把所有这些结构统一为一个整体（个性）的整合作用。人格的成长过程要受到许多条件，包括遗传、父母的影响，以及教育、宗教、社会、年龄等条件的积极或消极的影响。人到中年的时候，他的精神和人格的发展会出现激烈的变化。这主要指由对外部世界的适应转向对内部存在的适应。

有两条理由可以说明为什么心理治疗学家需要很好掌握人格的发展过程。理由之一是从事心理治疗的人所见到的通常是从儿童到老年的各种年龄的病人。年轻人与老年人的心理状态处在不同的发展阶段上。因此，年轻人带去见心理治疗学家的问题，也不同于老年人需要得到帮助解决的问题。一个人在前半生的问题主要牵涉到本能的适应，而一个人在后半生的问题却常常与对自身存在的适应有关。理由之二是心理治疗要想取得成效，就必须促进病人的精神成长。什么是成长，成长过程的性质，怎样促进病人精神的成长，这些都应该是心理治疗学家的基本知识。

荣格从自己丰富的经验中，形成了许多与人格发展有关的基本概念。我们在这一部分中所要讨论的正是这些概念。

个性化

个体的精神是从一种混沌的、未分化的统一状态中开始的。在这之后，正像一粒种子成长为一棵大树一样，个体的精神也发展为一个充分分化了的（fully differentiated)、平衡和统一的人格。虽然完全的分化、平衡和统一的目标很难达到（如同荣格所指出的那样，只有耶稣和佛祖才达到了这种水平)，但至少，这正是人格发展所选择的方向。这种自性实现的努力和使人格臻于完美的努力是一种原型，换言之是与生俱来的先天倾向。没有一个人可以不受这种统一原型的强有力的影响。然而这种原型如何表现，一个人在实现这一目标的过程中能否成功，所有这些问题却可能因人而异。

荣格有关人格发展问题的关键概念是个性化（individuation)。我们曾经描述过，各种人格系统在人的生命过程中会变得越来越富于个性。这不仅意味着每一个心理系统会分化得不同于别的系统，而且更重要的还在于，每一个系统的内部也发生了分化，从单纯的结构成长为复杂的结构，其情形正如虫蛹变成蝴蝶一样。复杂性意味着一种结构能够以多种方式表现自己。举例来说，没有获得充分发展的自我只有很少一点简单的自我意识方式，当它逐渐个性化之后，它的全部自觉行为就大大地扩展了。个性化了的自我能够在它对世界的各种感觉中获得很高的鉴别力；它能够领悟表象与表象的微妙关系，能够深入到各种现象的意义中去。

同样，人格面具、阿尼玛、阴影和集体无意识的其他原型，以及个人无意识的各种情结，当它们逐渐个性化之后，也会以更加微妙更加复杂的方式表现自己。当荣格指出人是在不断地寻找着更好的象征时，他的意思是说：在个性化的进程中，人需要更复杂更精致的自我表现方式。简单的儿歌和游戏能够使儿童满意，却不能满足个性化了的成人。成人需要的是更加复杂的文学、艺术和宗教的象征，以及种种社会机构的象征。

个性化是一个自律的、固有的过程，这意味着它并不需要外部刺激就能存在。个体人格注定要个性化，这正像人的身体注定要成长一样不容置疑。但正像身体的健康成长需要一定的营养和锻炼一样，人格也需要一定的经验、一定的教育，才能健康地成长、健康地个性化。而且，正如身体由于饮食不当和缺乏锻炼可能变得畸形病态、发育不全一样，人格也同样可能由于经验不足或教育不当而发展得畸形片面。正如荣格指出的那样，现代世界没有给阴影原型的个性化提供充分的适当的机会。儿童身上表现出来的动物本能通常是要受到父母的惩罚的。但惩罚只是压抑却并不能消除阴影原型——没有什么东西能够使阴影原型彻底消失。受到压抑的阴影原型返回到人格的无意识领域，并在那里保持着一种原始的尚未分化的状态。这样一旦它突破压抑的屏障——而这一点随时都可能发生——它就会以凶险的病态的方式来表现自己。现代战争的野蛮和肆虐，色情文学的粗俗和淫秽，就正是这种未分化的阴影的显现。

只有通过自觉的意识，人格系统才能进入个性化。教育的最终目标也许就在于，或者说正应该是，使一切无意识的东西成为意识到的东西。教育，正如这个词的词源所表明的那样，是从一个人身上发掘出那些已经以萌芽的形态存在于那儿的东西，而绝不是用灌输知识来填补本来是空白的心灵。

为了使一个人的精神得到健康的发展，就必须给人格的各个方面以均等的机会去实现个性化。因为如果人格的某一方面被忽略，这个被忽略了的方面就会以一种不正常的方式表现自己。某一系统的过分发展会造就一种褊狭的人格。试想要是儿童们生活在这样一种环境中（这种环境强调的是传统的行为准则，儿童在他们不喜欢某种东西时不得不假装喜欢，在他们喜欢某种东西时又必须假装不喜欢。）他受的教育使他不能按自己的方式去思想和行动，而必须按传统的价值观念去思想和行动，那么，按荣格的话来说，他就会过分地发展自己的人格面具。这个人的自觉行为就会显得缺少热情、缺少活力和缺少自发的冲动，以致他根本就是一个面具，一个社会的傀儡。

心理治疗本质上是一种个性化的过程。在《心理学与炼金术》一书中，荣格考察了表现在病人的幻觉和梦中的个性化进程。在另一篇题名为《个性化过程研究》（载《荣格文集》，卷九，一分册）的文章中，个性化过程通过荣格的一位女病人所作的一组水彩画获得了表现。绘画表现为曼达拉形式——一种其中包含着极其复杂的对称图案的圆形（代表人的精神）。对这些图案的分析揭示了这位女子的个性化过程。荣格发现，病人通常并不讳言画这些曼达拉图案会产生一种安慰缓和的心理效果。在荣格的《曼达拉象征考察》一文（载《荣格文集》卷九，一分册）中，读者可以看到经过复制的53幅曼达拉图案。

曼达拉：或称曼陀罗、满达、曼扎、曼达，梵文：mandala。意译为坛场，以轮围具足或“聚集”为本义。指一切圣贤、一切功德的聚集之处。供养曼扎是积聚福德与智慧最圆满而巧妙的方法，以曼达的形式来供养整个宇宙，是很多方法中最快速、最简单、最圆满的。曼陀罗是僧人和藏民日常修习秘法时的“心中宇宙图”，共有四种，即所谓“四曼为相”，一般是以圆形或正方形为主，相当对称，有中心点。在荣格那里，曼陀罗象征着作为心理整体的自我，是一种走向中心的心理过程的自我复现现象，是向着新的人格中心产生的过程。

曼达拉也是一种花，有很多不同颜色。原产热带及亚热带，我国各省均有分布。喜温暖、向阳及排水良好的砂质土壤，广布全国各地。主要危害棉花、豆类、薯类、蔬菜等。据《法华经》上记载，在佛说法时，曼陀罗花自天而降，花落如雨；道家北斗则有曼陀罗星使者，因为使者手执此花，因此将此花名为曼陀罗花。曼陀罗的根部有麻醉和迷幻效果。此外它也是保护家庭的利器，也能为佩戴的人带来勇气。

印度人用来指宗教仪式中处于迷狂状态的巫师所画出的圆形图案，其中往往含有对称的十字形。荣格认为曼陀罗图案作为无意识原型的象征，几乎遍布世界各地，"它在每一种文化中都出现过。今天我们不仅可以在基督教的教堂内，而且在西藏的寺院里也能找到它。"

超越与整合

人格的整合（integration）在荣格心理学中是最重要的主题之一。人格既然是由这样许多不同的系统组合而成，其中有些还是彼此冲突的，那么，这种整合又怎么可能实现呢？例如，阴影与人格面具就很难成为一个统一整体的不同部分。

正如我们已经知道的那样，趋向整合的第一个步骤，是人格各个方面的个性化。第二个步骤则受到荣格所说的超越功能（transcendentfunction）的控制。超越功能具有统一人格中所具有的对立倾向和趋向整体目标的能力。荣格说，超越功能的目的，“是深藏在胚胎基质中的人格的各个方面的最后实现，是原初的、潜在的统一性的产生和展开。”超越功能是自性原型借以获得实现的手段。同个性化的过程一样，超越功能也是人生而固有的。

上面说到个性化和整合作用是彼此分离的两个步骤。但实际上它们是并驾齐驱的，所以分化和统一在人格的发展中就成了同时并存的过程。它们齐心协力，共同达到使个性获得充分实现这一最佳状态。

且让我们看看男人人格中的男性方面与阿尼玛原型的整合，借以说明什么是超越。一个人人格中的这两种心理要素都同时有权利通过表现为意识活动而获得个性化，与此同时它们也都倾向于结合为一种统一的形式。这就是说，每一种意识活动都要同时表现男人天性的两个侧面。不是导致对立与分裂，而是造成和谐的统一。一个把自己的阿尼玛原型和男性心态整合在一起的人，在性格行为上并不是时而以男性方式，时而以女性方式表现自己。他绝不是一半男人一半女人。我们毋宁说，在这对立的两方已经形成了一种真正的综合，因此也可以说，除了生理上的区别，精神的超越实际上已经消除了两性的界限。

当然，完美无瑕的个性只不过是人格全力以赴的一种理想。如果说有人曾经达到过这一理想境界的话，那也是极其罕见的。

影响人格发展的条件

于是，人们必然要考虑，是一些什么样的因素在妨碍着人格和个性的实现即充分的分化和充分的整合。荣格相信，遗传因素可能造成一种特殊的、偏向某一方面发展的人格。一个人可能生来就有外倾或内倾的强烈倾向；他可能注定要成为情感型的人而不是思维型的人；他的阿尼玛原型或者阴影原型可能在天性上就比较强或比较弱。遗传对于人格的影响是一个我们迄今还不甚了解的课题。

影响人格发展的另一个重大因素是环境。荣格同所有伟大的心理学家们一样，是一位社会批评家。他对各种各样的社会环境因素作了认真的分析，识别出了那些在他看来确实阻碍和扭曲着人格的健康发展的因素。当然，环境也同样可能有助于人格的发展，那是当它有利于人的天生素质发育并且有助于使它们达到平衡的时候。一旦它剥夺了人们必需的精神营养，或者提供有害的精神食粮，这时候它就必然妨碍人格的成长和发展。

父母的作用

所有研究过人格发展的心理学家都强调这样一个自明的命题，即父母对于子女性格的发展起着极其重要的作用。人们因为子女的过错而谴责其父母，有时也因为子女的良好品行而称赞其父母。荣格自然也不否认这一不言而喻的真理。

然而关于父母对子女人格的影响，荣格却提出了某些相当新奇的看法。首先，他认为在儿童生命的最初岁月里，他们还没有独立的个性，这时候子女的精神完全反映着父母的精神。因此，父母的精神失调也必然要反映到子女的心理中来。从而对于儿童的精神治疗，也就有很大一部分是对其父母精神的分析。荣格甚至说，儿童的梦与其说是反映儿童自己的心理，不如说是反映了他们父母的心理。他在对一个病例的描述中讲到，他曾分析过一个父亲的心理，而这种分析是通过这位父亲年幼的儿子所做的梦进行和完成的。这时候儿子所做的梦就是父亲精神状态的一面镜子。

子女入学以后，他与父母在精神上的同一就开始逐渐减弱并逐渐形成他自己的个性。当然也还存在着这样的危险，即父母以各种方式继续主宰着子女的精神发展，例如过分地关心和保护，在一切事情上代替子女做出选择和决定，不让他们获得广泛的人生经验，在这种环境氛围下，儿童精神的个性化就会受到阻碍。

如果父母的一方或者双方企图把他们自己的精神发展方向强加给子女，这就会给子女精神的发展造成不良的影响。有时候父母又企图鼓励子女片面发展他们自己所不具备的那些心理素质，借此来获得一种心理上的补偿，这也会给儿童的精神发展带来不良影响。举例来说，内倾的父母可能希望自己的子女像他们一样养成内倾的性格，也可能希望自己的子女与他们不同而具有外倾的性格。不管是前一种情形还是后一种情形，都会导致子女在人格发展上的不平衡。而如果子女成为父母争夺的对象，彼此都想对他施加不同的影响，其结果则只会更加有害。

母亲对于子女的影响不同于父亲对于子女的影响。男孩子从母亲那儿受到的影响，决定着他的阿尼玛原型的发展方向，他从父亲那儿接受的影响，则决定着他的阴影原型发展的方向。女孩子的情形则刚好相反。无论父亲或母亲，都同时影响着子女人格面具的形成。

教育的影响

我们曾经讲到，荣格在学校读书的期间，曾经有过许多不愉快的经历。老师们往往并不理解他。许多指定给他学习的课程内容又往往十分沉闷。也许正因为回忆起自己的学校生活，荣格在与从事教育工作的人的大量谈话中，反复强调教育者必须懂得青少年的心理发展。他认为教师对于学生人格发展的影响，与教师对学生智力发展和知识积累的影响同样重要。因而，教师对学生所进行的教育也应该包括心理学的内容。更重要的是，应该向那些将要成为教师的人强调，他们必须首先对自己的人格和个性有清醒的认识。否则，当他们走进教室的时候，就会把他们自己的情结和烦恼投射给学生。正像子女的心灵反映着父母的精神状态一样，学生的心灵也反映着教师的精神问题。既然期望每一个教师都事先接受分析治疗是不现实的，荣格因而建议他们对自己所做的梦做一个记录，以便从这些夜间显现的无意识心理内容中，或多或少地获得一些对自己的认识。

在荣格看来，教师无疑将对孩子们的精神和人格的个性化发挥最大的影响，这种影响甚至比父母的影响还大。教师的任务是使学生身上那些无意识的东西成为自觉意识到的东西。而学生们通过不断地向教师提供新鲜的经验，提供能够从本能中汲取能量的象征，反过来也扩大和拓展了教师自觉意识的领域。教师的职责是注意和发现孩子们在人格发展上的不和谐，并帮助他们发展和加强他们精神中薄弱和不足的方面。教师应鼓励那些片面发展的思维型学生表现和发展其尚未分化的情感功能，鼓励那些性格内向的学生发展其外倾心态。对女教师说来，特别重要的一点是掌握男孩子们的阿尼玛原型，而对男教师说来，特别重要的则是掌握女孩子们的阿尼姆斯原型。然而，教师最重要的任务还在于认识每一个学生的个性，从而帮助这些不同的个性获得平衡的发展。

其他影响

社会作为个人生活的环境对于人格的整合也有很大的影响。荣格指出社会风尚的改变同人们对人格类型的选择紧密相关。在某一历史时期，情感可能更为人们所重视；而在另一历史时期，思想则可能较为流行。阿尼玛原型在一段时期可能遭受压抑，而在另一时期则可能受到重视和鼓励。人格的不平衡往往由于这些不断变化的社会风尚所导致。20世纪60年代后期，男性的阿尼玛原型和女性的阿尼姆斯原型开始以较大的加速度走向成熟和个性化。与此同时，人格面具却开始削弱和衰落。自觉意识的扩张成为战后出生的一代人追求的目标。

荣格说，不同的文化类型可能喜爱不同的人格类型。例如，在东方，内倾型和直觉型的人更受欢迎，而在西方，外倾型和思维型的人则更受重视。

个性化的过程绝不仅仅发生在个体的身上，它也发生在人类的历史长河中，发生在文明人和野蛮人之间。现代人比古代人，文明人比野蛮人更加个性化了。在实际生活中这意味着旧的思维模式和行为规范不再能够满足现代人的精神需要。用荣格的话来说，现代人需要的是更为复杂的象征，借以表现其更高的个性化程度。文艺复兴是一个翻天覆地的大时代，在这段历史时期中，许许多多新的象征被创造出来。荣格断言，我们今天所需要的，是象征的新的复兴。如果找不到更好的象征，所有那些受压抑的和未能得到发展机会的无意识原型，就会以原始粗野的、自我毁灭的方式发泄和释放出来。

有一段时间，宗教在帮助人们的个性发展和人格整合方面，发挥过比今天大得多的作用。宗教能够发挥这样的作用，是因为它为个性的实现提供了各种强有力的象征。当教会机构逐渐更多地卷入到像社会改革这样的世俗事务之中，而极少注意保持和发挥原型象征的活力的时候，宗教对于个人精神发展的原有价值就跌落了。荣格撰写了大量有关心理学与宗教的文章，他的观点对一些教会人士已产生了有力的影响。这种影响所产生的结果之一就是牧师咨询的发展。所谓牧师咨询，就是由受过分析心理学训练的牧师提供在宗教范围内的各种咨询。近年来，特别是在年轻人中间，出现了各种类型的宗教体验的新浪潮，这也可能是部分地受到荣格著作的影响。

退行

在上一章中我们已经讨论过退行这一概念。在心理动力学的范围内，退行指的是力比多的倒流。在这一章中，我们将从人格发展的角度来考察所谓退行。

人格的发展既可以沿着向前进行的方向，也可以沿着后退回归的方向。力比多的前行意味着自觉意识的自我调节着现实环境与精神的需要，使它们彼此处于和谐的状态。而一旦来自外界的挫折和剥夺打破了这种和谐，力比多就从环境的外部价值中撤回，转而投入到无意识中的内部价值上。这种返回人自身的行动被荣格称为退行。只要在遭受挫折的时候，人能够从无意识中找到解决他面临的问题的方法，那么退行对于调整一个人的精神就是有好处的。我们还应该记得，无意识中同时容纳着个人和种族在过去形成的聪明智慧。正因为如此，所以荣格把随时从喧嚣的世界中退却出来，使自己沉浸在一种宁静的冥思之中，作为一种维持和实现人格和谐与整合的手段，并给予它高度的赞赏和推崇。许多富于创造力的人都保持周期性的回归，以便通过发掘无意识的丰富资源，使自己获得新的活力。荣格本人也通过退隐到他的波林根别墅来实践他所宣传的主张。

当然，我们每天晚上都退回到睡眠之中。这时候心灵几乎完全与外界脱离而回归到自身，从而制造出梦境。这种夜间发生的朝向无意识的退行作用，可以给一个人提供有用的信息和建议，使他认识阻碍他人格发展的障碍物的性质，以及怎样才能克服这些障碍的方法。遗憾的是，人们对自己的梦并不十分重视。而在荣格看来，梦是精神智慧的丰富源泉。几乎他的每一部著作都阐述了如何运用对梦的分析来理解人格的原型基础。

前行和退行在人格发展中的相互作用，可以通过下面的例子来说明。一个人把他的人格面具片面发展到一种极端的地步，以致他几乎就是一个完全按社会舆论和传统行事的机器人。其结果是他逐渐变得沉闷乏味、心不在焉、牢骚满腹、急躁易怒、抑郁寡欢。直到最后，他终于感到有必要改变他那种庸俗虚伪的生活，并且也真的这样做了。他卸下了他用来逢迎社会的刻板面具，在自己的无意识深处发现了隐蔽的宝藏。这样，当他重新回到日常生活之中的时候，他变得朝气蓬勃、精力充沛，成为一个富于创造力和自发性的人，而不是按他人意志行事的玩偶。传说中常常讲到的一个人的再生，以神话的方式表达了退行的好处和意义。

遗憾的是，上述例子是理想化了的情形。在现实生活中，许多人虽然也发现他们被囚禁在传统和习俗之中，然而却以诸如酗酒、赌博、殴斗和纵欲等方式来调剂，他们最终什么也没有学会。

人生的阶段

尽管人格的发展在人的一生中是一个连贯的过程，但在此过程中却仍然存在着某些重大的变化和转折，因此人们也就可以谈论所谓人生的阶段。不同于莎士比亚描绘的人生七个阶段，荣格区分了四个不同的阶段。

童年

童年阶段从出生的那一天开始，一直持续到青春期或性机能成熟之前。从出生到此后的几年内，儿童实际上不可能面临任何问题。问题的提出需要一个意识的自我作为先决条件，而婴儿却没有这样一个意识的自我。虽然他已经有了最初的意识，但在各种知觉方面却缺乏甚至根本没有任何组织整理的能力。他的记忆也是非常短暂的。这样，他也就没有意识的连贯性和自我的认同感。在这段时期，他的全部精神生活都服从本能的制约和支配。他完全依靠父母，生活在父母为他提供的精神氛围之中。他的行为是自发的和任意的，缺乏条理与控制，完全处于混沌状态。当然，本能使他的行为具有某些秩序和条理：他会周期性地感到饥渴和要求吃喝，吃饱喝足之后他会排泄，疲倦了他又会酣睡。尽管如此，他的生活秩序仍主要是靠父母来为他做出计划安排。

童年阶段的后期，自我开始形成。一方面由于记忆延长的缘故，一方面由于自我情结能量化和个性化了的缘故，在自我情结周围集中起来的知觉就获得了人格的同一感。这时候儿童开始以第一人称“我”来称呼自己。走进学校以后，他开始突破父母对他的包围，从父母的精神卵翼下孵化出来。

青年

这一阶段的到来以青春期发生的生理变化为标志。“这种生理上的变化伴随着一场心理上的革命”，荣格把它叫做“精神的诞生”，因为这时候精神开始获得了自己的形式。当青年人以旺盛的精力和激动的心情来证明他自己的时候，这种精神上的革命尤其明显。在整个青春期内，精神承受着问题和烦恼、决定与选择，需要对社会生活做出不同的适应，因此青年人对于父母或其他同龄人来说常是不能容忍的。所有这些问题和烦恼，往往产生在童年的幻想突然破灭，个人面临严峻的生活需要之时。

如果个人事先有充分的准备，并且具备足够的知识并进行适当的调节，那么这种从童年活动到职业工作的转变就不会遇到太大的困难。但要是他始终执着于童年的幻想，不能清醒地面对现实，那必然导致无穷的痛苦和烦恼。

每个人开始肩负一定责任的社会生活时，都怀着某种希望，这种希望往往由于与个人实际生活处境不相适应而破灭。譬如有这样一个年轻人，他在整个青年时期一直计划做一名飞行员，但后来他发现自己的视力达不到标准，他的希望也随之破灭。像这种希望就很不容易转向其他职业。希望破灭的另一个原因在于：一个人往往不能正确对待自己的理想，他可能过分乐观，或过分悲观，于是过高或过低地估计了他将要面临的问题。

一个人在青年阶段面临的困难，并不完全与外部事务有关，例如职业问题、婚姻问题等等。他所面临的问题往往是内心精神上的困境。荣格注意到，这些问题往往是由性本能所导致的精神平衡失调，或由极端敏感和紧张所导致的自卑感。

青年时期的许多心理问题，常常具有一个共同的特点，就是固守和执著于意识的童年阶段。我们内心深处的某些情感（一种儿童原型）宁可始终停留在儿童的水平上而不愿意变得成熟起来。

一个正处在人生第二阶段（青年阶段）的人所面临的任务更多地与外倾的心理值有关。他必须奋力开辟他在生活中的位置。由于这一缘故，锻炼和增强自己的意志力就显得特别重要。男青年和女青年们必须具有充分的意志力，才能在生活中做出正确有效地选择，才能克服他正在面临和将要面临的无数障碍，才能满足自己和家庭的物质生活需要。

中年

人生的第二阶段大致结束于 35 到 40 岁之间。一个人到了这种年龄，基本都能够成功地适应外部环境了。他在事业上已经站住了脚，已经结婚并有了孩子，并积极参与公共事务和社会活动。人们很可能认为：除了某些偶然的挫折、失望和不满，中年人一般都在相对安定的状态中度过他的后半生。

然而实际情形却并非如此。在一个人的后半生中，往往会出现一些奇怪的、意想不到的复杂问题。这时候他的主要任务是围绕一套新的价值重新调整他的生活。从前用于适应外部生活的心理能，现在必须用来投入到这些新的价值中。

为什么人到 35 岁以后还需要重新发现新的价值？这些价值的本质是什么？荣格认为，这是一些精神价值。这些精神价值始终存在于人的心中，却一直被忽略和忘记。它之所以被忽略忘记，是因为在整个青年时期，外倾的和物质的兴趣受到更多重视而片面膨胀。把心理能从青年时期建立起的那些旧的渠道和方向上转移到新的渠道和方向上来，这一要求本身就是对人生的重大挑战。许多人并不能成功地应付这一挑战，结果可能导致其生活的崩溃。

以往的心理学家们很少注意到人生的这一重要阶段，他们宁可集中精力专门研究幼儿、童年、青春期和老年。只有极少数心理学家愿意从事中年心理学的研究，荣格就是其中一个。荣格说，他不能不关心这一问题，因为他的病人有许多（大约三分之二）正处在这一人生阶段。人们自然也会想到，荣格本人在这一过渡时期的经历体验，会不会也是导致他对人的中年时期感兴趣的原因。荣格 36 岁那年写出了《转变的象征》，这本书标志着他同弗洛伊德关系的破裂，并为他后来的著作和思想奠定了基础。他在自传中提到，在这本书出版之后，他沉寂了很长一段时间。我们可以猜测，正是这段沉寂的时期，孕育着他所有那些新的精神价值。荣格的病人中有许多是那些在事业上取得了杰出成就的社会名流。这些人往往才智出众、富于创造力。为什么他们反倒需要向荣格求教？这是因为，正像他们在同荣格的私人谈话中承认的那样，生活不仅使他们丧失了热情和冒险精神（这还可以被认为是由于年龄的缘故），而且生活本身也完全失去了意义。从前他们认为极重要的事情，现在已不再显得重要。他们的生活似乎完全是空虚的和没有意义的。他们因此而感到抑郁沮丧。

荣格发现了造成他们抑郁沮丧的原因。这就是：起初，为了得到某一社会地位，心理能大量地投入到那些外在兴趣上；而现在，由于这一目标已经实现，能量也就相应的从这些外部兴趣方面收回。这种能量的收回和价值的丧失在他们的人格中造成了一种空虚。

治疗的办法是什么？答案十分清楚。必须唤起和形成新的价值以取代旧的价值，从而填补精神的空虚。然而并非任何新的兴趣都可以发挥这一作用。它们必须是一些能够在纯粹的物质考虑之外扩展人的视野的价值。这是精神的视野，文化的视野。在这种时候需要通过静观、沉思和反省而不是实际活动来获得自性的完善。正像荣格所说，“对那些还没有能够适应生活，迄今一事无成的年轻人，最重要的事情是尽可能有效地形成他的意识的自我，也就是说要进行意志的培养……另一方面，对那些人到中年，不再需要培养自觉意志的人来说，为了懂得个体生命和个人生活的意义，就需要体验自己的内心存在（inner being）。”

老年

老年指一个人的晚年，荣格对此不太感兴趣。从一方面看，老年类似于童年。他沉溺在无意识中，不断地考虑着“来生”，这个来生的他，将要重新上升为意识。老年人越来越深地沉溺于无意识并最终消逝于其中。

一个人的身体死亡之后，他的人格也就不再存在了吗？死后还有没有另一种生活？对心理学家说来，提出这样的问题未免有些荒唐。但荣格并不回避有关“来生”的问题。他知道，一种为世界上这么多人所深信的信念，一种成为许多宗教的重要构成因素的信念，一种成为无数神话和梦幻的主题的信念，不应该简单地当做纯粹的迷信，轻蔑地予以打发，置之不理。在人的无意识中必定存在着这一信念的基础。来生的观念，可能代表着精神的个性化进程中的另一个阶段。可以推测，在人的身体死亡之后，精神生活还会继续存在，因为这时候人的精神还没有获得完整的自性实现。

4. 人格的不同类型

现在大家很熟悉的内外向的性格分类，是从荣格在1921年写了《心理类型》这本书之后，才逐渐成为人们日常讨论的问题的。荣格在这本书中这样说道："这本书是我在实用心理学领域内将近20年工作的成果。"荣格从精神病学实践和神经治疗中所获得的大量印象和经验中，特别是对弗洛伊德和阿德勒用不同观点处理同样材料这一现象的思考中，逐渐认识到不同的人会提出不同的人格理论。例如，弗洛伊德是外倾型的人，他强调性驱力对人行为的支配作用，认为性是不受人主观控制的客观因素；而阿德勒属于内倾型人格，注重内在的主观意志的作用。

心理类型理论的首次出现是在1913年。当时正值召开国际精神分析大会。荣格在该次会议上提出个性的两种态度类型：内倾和外倾。1921年他在《心理类型学》一书中又作了详细的阐述，并提出了四种功能类型，即理性功能相互对立的两种类型——思维功能与情感功能，和非理性功能相互对立的两种类型——感觉功能和直觉功能。由此，荣格将两种态度类型和四种功能类型组合起来，形成了八种个性类型：外倾思维型、外倾情感型、外倾直觉型、外倾感觉型、内倾思维型、内倾情感型、内倾知觉型、内倾感觉型。

荣格作为实践和经验型的理论家，在实际工作中总结出了一套既具有开创性又具有实用性的心理类型说。荣格早年在语词联想实验中就发现，不同性格类型的人，其情结的表现也不同。荣格对心理类型的研究已成为分析心理学的最重大发现之一，也使他成为人的差异研究的重要开拓者之一。他的人格类型学说是心理学史上第一个完整的人格类型理论。

荣格通过研究证明人格类型的差异不仅存在于精神病患者当中，也适用于一般健康人群。他的人格理论后来成为社会人格学（Socionics）及数个其他人格理论的基础——威尔莱测试问卷（Gray-Wheelwright Test），迈雅斯－布雷格斯类型指标（MBTI：Myers-Briggs Type Indicator），基尔赛个性分类（Keirsey Temperament Sorter ），艾森克个性分类（Eysenck Temperament Sorter），NEO-PI-R 等等。

荣格依据不同的人对特定情境的反应态度和方式的不同，将人格类型划分为内倾型和外倾型两种，同时他又进一步描述了四种功能类型，即感觉型、直觉型、思维型和情感型。他还把态度类型和功能类型做了不同方式的配置和结合，提出了八种人格类型。

态度类型

荣格划分了内倾和外倾两种态度类型。内倾型的人心理活动经常指向自己的内部世界。喜欢安静，富于幻想，对事物的本质活动和活动结果感兴趣。外倾型的人好社交，活泼，开朗，对外部世界的各种事物感兴趣。荣格虽然是这样划分的，但他并不认为每个人都是绝对内倾或外倾的。事实上，许多人是介于两者之间的中间类型，或某种态度类型占优势。

功能类型

荣格的人格类型理论将个体完整的心理过程分解为心理能量的流向（内倾与外倾）、接受信息（感觉与直觉）、处理信息（思维与情感）这三个步骤。而接受信息的感觉与直觉以及处理信息的思维与情感被称为心理功能。荣格将心理功能定义为“精神（心理）活动的一种独特形式，在不同的情境中，大体上保持一致”。态度类型本身并不独立地存在，只是和功能类型一起表现出来。除两种态度类型外，荣格还提出了四种功能类型，即感觉、思维、情感、和直觉。

感觉：感觉或感知是把物理刺激化为知觉的心理功能，因此，它与知觉等同，必须把感觉同情感严格区分开来，因为后者是一种完全不同的过程。感觉告诉我们的是某物在，它并不告诉我们某物是什么以及与之有关的他物，而仅仅告诉某物在。感觉在儿童和原始人那里具有极为明显的特征。因为它总是支配思维和情感，尽管它并不一定支配知觉。所以感觉可以看作有意识的知觉，而直觉则可以看作是无意识的知觉。感觉与直觉表现着对立的两方面或两种相互补充的功能。感觉作为一种基本现象，它是某种绝对给定的东西，某种与思维和情感相对的并不从属于理性规律的东西。因而它称为一种非理性的功能，尽管理性也竭力把大部分感觉吸入理性联系中。

思维：思维以其最简单的形式告诉你一个东西是什么，它给事物以名称，思维给出的是概念。因为思维就是理解和判断（德国心理学家称之为统觉，分析心理学派）。思维是一种根据它自身的规律用某种方式表达概念关系的心理功能。它必须被区分为主动和被动的思维活动。主动思维是一种意志的行为。被动思维是一种偶发现象。在前一种情况下的表现归结为深思熟虑的判断行为。在后一种情况下，概念的联系已经建立，甚至与自我的目的相矛盾的判断也已形成——它们在与我的意识目的完全一致上有所欠缺，因而在自我看来，它们可能缺乏任何定向的情感，尽管通过主动统觉的行动我可逐渐的获得它们定向的知识。因此主动思维将与自我的定向思维的理念相一致。自我把定向思维的才能称为智能，而把被动的或非定向思维的才能称为智能直觉或直觉思维（心理类型学）。

情感：通过情调（feeling tone）情感告诉你事物的价值（分析心理学）。情感主要是发生在自我与某一特定内容之间的一种过程，是在接受或拒绝（如“喜欢”或“反感”）意义上给某一内容以确定的价值的过程。下面要谈谈情感带有的像思维一样的理性的功能。（心理类型学）理性就是符合情理的即与理智相一致。我们把理智理解为一种根据客观价值形成思维情感和行为的倾向。客观价值由外在事实和内在心理事实的平均经验建立起来。就“价值”本身由主体给予而言，这种经验就并不代表客观的“价值”，因为这相当于是一种理智的活动。但是，我们宣布为有效的客观价值的理性倾向并不是单个主体的创造，而是整个人类历史的产物。大多数客观价值——理性在它们中——经由久远的年代传给我们的情结而稳固地建立起来。由传递下来的无数代人因为同样需求而劳动的有机体，由生命机体的性质大体与普遍而永久出现的环境的限制而相对应的同样需求而稳固地建立起来。它们与相应的功能情结对应。如眼睛，它是如此完美的与光的性质相对应，如果像叔本华指出的，与普遍的外部影响相一致的生命机体的反应并不是它存在的唯一条件的话，那么我们可以因此讨论一种预先存在的先验的世界理性了。

所有能够思维的人都绝不相信情感是一种功能，而认为它是最无理性的。荣格认为，人不可能在各个方面都尽善尽美。如果一个人在思维上完美无缺，那他绝不会在情感上也如此，因为两者不可同时兼得而总是互相妨碍。因此，如果你想以一种真正科学的或哲学的冷静方式进行思考，你就得撇开各种情感价值。你不可能同时为情感—价值所困扰，否则，你会感到对意志自由思考的重要性远胜于对此的分类。可以肯定，如果从情感角度考虑，上述两类对象不光作为事实而且作为价值都是不相同的。价值并不是理智的立脚点，但它们存在，而赋予价值则是一种重要的心理功能。如果想得到世界的完整图像，就必须考虑到价值，否则就会碰到麻烦。对很多人来说，情感显得最无理性，因为你在愚蠢的心绪中感觉各种事物：于是每个人都相信应当控制自己的情感。

直觉：感觉告诉我们一个事物的存在，思维告诉我们那个事物是什么，情感则判断这个事物对我们的价值。此外还有什么呢？人们认为，当他们知道某物的存在、它是什么、有何价值时，他们就算获得了世界的完整图像。其实不然，还有另外一个范畴，那就是时间。事物有其过去也有其将来。它们从某处来，向某处去，但你却不知道它们的来去方向，你有的只是每个人所谓的预感。举例来说，如果你是一个艺术家，你预感某件作品出自明朝某大师之手，你有一种预感，即那是一件杰作。或者你不知道以后的卖价如何，但你预感到它会上涨。这就是那被称为直觉的东西，这是一种预见，这是一种奇妙的能力。比如，你的病人在心里有某种痛苦，而你并不知道，但你却“知道了一点”“有某种感觉”，如我们所说，因为普通语言还没有发展到使人能恰如其分地对各种称谓加以界定的程度。被荣格最后定义的“直觉”功能似乎不可思议。正如人们说的那样，自我“非常神秘”。这里所说的直觉就是神秘主义的一种表现。直觉这种功能使你看见实际上看不见的东西，这是你自己在事实上做不到的。但直觉能为你做到，你也信任它。直觉是一种在正常情况下不会用到的功能，假如你在斗室内过着有规律的生活并做着刻板的工作，那你是不会用到它的。但是，如果你是在股票交易所或东北的原始森林，你就会像使用别的功能那样使用你的预感。例如，你不可能计算出当你绕过树丛时是否会碰上老虎，然而你有一种预感，这预感说不定会救你的命。所以，你看到，生活向自然状态敞开的人大量运用直觉，在未知领域冒险的开拓者也运用直觉。创造者与法官运用直觉。在你必须处理陌生情况而又无既定的价值标准或现成的观念可遵循的时候，你就会依赖直觉这种功能。

态度类型和功能类型的组合

荣格强调个体的完整人格类型，而不是个别的特征。根据荣格的理论，一种类型，例如，外倾直觉型，由多种特征组成（例如外倾，直觉），这些特征相互作用形成了个体独特的人格。因为这种相互作用效应，某种类型中的一种特征对人格的影响不同于其他类型中同一种特征对人格的影响。态度和功能结合产生的八种心理类型，每一种类型似乎“只是体现优势意识功能的特性”。

外倾情感型——这种类型的人多为女性。她们的思维常常被情感压抑，没有独特性，非常注重与社会和环境建立情感上的和睦关系。

外倾感觉型——这种类型的人多为男性。他们喜欢追求欢乐，活泼有魅力，对客观事物感觉敏锐，精明而求实。但易变成寻欢作乐的酒色之徒。

心理功能 心理态度	感知	思维	感受	直觉
内倾	善于发挥自己的身体与感官能力，基于自己的内在感官而表现于外在世界。	倾向于从自己的内在标准或观点来开始其解决问题的过程。	倾向于用其内在的标准来判断他人与事物。	往往善于发挥内在世界的智慧。
外倾	倾向于更多注重客观观察，将其大部分的精力都贡献在对外在世界的探索上。	倾向于在其所关注的周围生活中寻找意义，更多地相信外在的事物是由逻辑与理性所决定的，而非情绪与情感。	往往与社会或传统文化的价值观保持一致。	对问题多具远见，富有想象力。

外倾直觉型——这种人喜欢追求外部世界的新直觉，易变而富有创造性，有多种嗜好，但难以坚持到底，做事常凭主观预感。

内倾思维型——这种人喜欢离群索居，独自追求自己的思想，常以主观因素为依据分析事物，待人冷漠，倔强偏执，情感受压抑。

内倾情感型——这种人沉默寡言，不易接近，给人一种神秘莫测的吸引力。但内心有非常丰富、强烈的情感体验。

内倾感觉型——这种人对事物有深刻的主观感觉。喜欢通过艺术形象表现自我。缺乏思想和情感，较被动，安静而沉稳，自制力强。

内倾直觉型——这种人富于幻想，性情古怪。思想往往脱离现实，不易被人理解。常产生各种离奇的幻想和想象，体验奇特怪异。

荣格所划分的这八种类型只代表极端的情况。实际上每个人都会表现出某种占优势的性格类型，在他身上还有不占优势的第二种或第三种性格类型。其中有意识的因素，也有无意识的成分，两者的相互作用构成了千变万化的人格类型。

您可能同时具有两三种类型的人格特质，您在阅读之际，不妨也想想自己属于或接近哪一类型，甚至为您的伴侣、朋友、恋人等做一个分析。

外倾思维型

这种人喜欢分析、思考外部事物，生活有规律，客观而冷静，但比较固执己见，情感压抑。这类型的人，偏爱知性生活，尽量让自己的生活合乎知性结论。所谓知性结论，就是客观而普遍为一般接受。不独断、不任性、谨慎客观。以知性为行动规范，客观分清各种事实和条件，仔细考虑之后才下结论。对人待己，采用相同基准。与人相处，分别善恶、共分美丑等，都是这个基准为优先。例如，“在这种时代、环境、状况之下，应该持有这样的生活态度”“应该采取这个营运方针”等的基准，都有“模式”，诸如生活信条、营运原理之类的。这种人的模式和时代、环境、状况等完全配合，对时代潮流非常敏感。但是，过于合乎时代潮流反而显得短视，模式固定之后却丧失了自由弹性。他深信这种生活方式是最好的，能带来幸福，非知性的不合理方式是错误的。

模式舒缓有余的人，懂得生活之道、擅长组织、能激奋人心、勇于改革环境风气、在经营事业上具有统率能力。模式刻板缺乏思想的人，强迫别人仿效自己、好辩、郁郁不平。为了强调遵循模式，甚至为家人亲友带来不便。以上是两个极端，这类型的大部分人介于两者之间。

这种类型的人，崇尚思考，压抑感情。对美的活动、兴趣、艺术鉴赏、交友等，不是排斥就是阻止。当压抑过于强烈时，无意识世界中的感情起而反抗，很难预料会导致什么结果。意识面极富爱心的人，也有自己也不知道的利己感情，所以一些道德之士也会做出令人瞠目的不耻之事。当抵抗不了无意识世界中劣等感情的诱惑时，就会为目的不择手段，为理想而行为失当。另外，这种人的劣等感情也会以别的方式出现。为贯彻模式而漠视个人的关心，忽视自己和家人的健康、经济、爱情。别人夸为温柔体贴的人，在家里，尤其对自己的孩子，暴躁易怒，俨然一副冷面暴君的模样……（易怒有时以讽刺、挑剔的方式表现）。对违反模式的人是又恨又憎，自己也变得更加狂热。

“外向思考型”以男性居多，因为思考机能在男性身上较为发达。这种人的思考方式是综合的、生产的。虽然有此优点，一旦模式优先过度，也会出现上述的缺点。

外向感情型

这类型的人多半是女性，这种类型的女性，生活方式顺应感情，感情也能配合周围的状况，价值观也是一样。例如，美术馆中由著名画家签名的绘画，一定认为是“好画”，不做特异的评价。凡是世人认为有价值的，便认定是

"有价值"。

善于协调，与人维持良好和谐的气氛。

最最显著的，就是选择结婚对象。选择配偶时，不管是否两心相悦，只重身份、年龄、职业、收入、身高、家庭环境等常识性的要求，世间的标准还在自己的好恶之上。什么事都请求常识。如果丈夫也是一个明辨常识的人，她会非常爱丈夫，当一个好妻子、好母亲。总之，是一个机灵、可爱、讨人喜欢的女性。

当然，这种类型的人感情第一，思考其次。不过，思考机能并没有因此而停摆，有时反而十分活跃，但不是为思考而思考，只是感情的附属品。

过于顺应，只会失去感情的魅力，而且让人觉得肤浅、矫饰、扭捏作态。这种类型的人看起来总是时时沉醉于感情中，但转眼间又投入一种完全不同的感情，因此给人浮躁、善变的印象。

如此一来，不但失去感情上的温馨，也容易导致人格分裂。只要整体的感情能保持统一的人格，即人格不陷入各个感情状态，那么无意识思考就能发挥补偿作用。

当人格矛盾被感情状态分解时，无意识便会起而反抗，此时则会表现出。

（一）感情夸张

表达感情的方式，是超越常态、气派、做作的。强迫命令式的言词行动，在接受者看来却是"这不是他的真心话"。事情稍微转变，原本百般称赞的态度顿时转为不屑一顾。经常反复无常，让周围的人保持沉默。但是他又是如此迫切地想和大家建立坚固的感情关系，为了打破周围的保留态度，只好再夸张感情。就这样不停的恶性循环下去。

（二）草率和幼稚

对拥有相当高的感情评价的事物，加以贬低，发表连幼儿都称不上的理论，常心怀稚气而独断的偏见。这种类型中的神经症主要形态，就是将在后面第 11 节中介绍的歇斯底里。

这种类型的人很重感情，知识良好，生活健全。虽然直接表达感情，但仍有良好的人际关系，社交频繁。以上是其长处，但是当主体性消失时，就出现上述的缺点。

外向感觉型

这种类型的人对客观事实非常敏锐，注重的是具体的事实。当他凭感觉具体地享受某种事物时，必定体会出生命的喜悦。

如果他举止高尚，一定是个有着高尚兴趣的唯美主义者，把自己的感觉提高到美的纯粹最高境界，享受旁人无法体会的艺术天地。即使不是如此，也多半是练达之人，在别人的眼里是“有那样的兴趣，生活方式当然自由奔放，对事物看法也不能以常态论之”。拜思考之惠，在某方面发挥收集资料的才能，拥有庞大的资料，有时居业中之冠。

平日的表现，属于乐观愉快之人。最关心的事情，是晚餐吃什么好菜，电视节目好不好看。除了味觉上，凡是所见所闻，只要快乐，就能满足，是一个快乐主义者。

这种类型的人和前面的“外向思考型”类似，不善律己，缺乏理想，只重现实，喜好交友、谈天说笑，约会时绝对不会令对方觉得无聊。服装用品不差，但是过于在意眼前的事物，给人虚荣的印象。

这种类型的人注重感觉，但是过度时，无意识的直觉会向意识提出反抗。直觉，是人类高等才能中的预感能力，却演绎成对个人的喜好追根究底的习性。猜疑心重，尤其对异性问题特别嫉妒，严重时甚至产生嫉妒妄想。即便不是这样，也是气量狭小之人。一般而言，这种人不太重视道德，但并不代表不道德，只是不愿意受道德的束缚，宁可过自由奔放的日子。当无意识的反抗高涨时，日常生活便出现比道德、宗教等更激动的迷信、巫术色彩，甚至出现一些奇异、复杂的仪式，并且有强迫神经症的生活态度。

外向直觉型

这种类型的人，具有洞察客观事实背后可能性的能力。这种人注重的不是现实，而是可能性，并且不断的追求可能性。安定的生活环境对他而言犹如地狱，令人窒息。

当他开始追逐可能性时非常热衷，有的人甚至显现得异常狂热。但是一旦遇到瓶颈无法突破时，立刻冷淡下来，干脆放弃。

例如，在处理某事业的企划时，直觉认为“将来很有发展”，由于一向对自己的直觉颇有信心，因而勇猛前进。也可以称为冒险家。事业上轨道，稳定下来之后，照理以继续营运为安全，但是却转朝其他方面发展。理性上，不想否定这个决心；感情上，对新的冒险毫不畏惧。

原因是，新事业与他平素的主义主张相反。主义或主张中不可或缺的思考和感情，在这种类型的人身上都不十分发达，但不具分量，就无法有效地反对直觉力。

这种人的生活原理，不是知性的，也不属于感性的，而是完全依照自己的直觉。因此，一般的道德、法律、宗教等并非不愿遵守，实在是原本就不在行动规范之中。不懂得尊重他人的主义主张和生活习惯，被形容为不道德、冷酷、目中无人。企业家、商人、政治家等，有不少是这种类型的人。

这种类型的人，男性似乎不及女性多。

女性的直觉活动发挥在社交舞台上的机会多于在职业上，这种女性利用所有社交上的可能性，擅长接近权威人士。对于有交往或结婚可能的男性，一眼就能看出。当新的可能性出场时，过去的一切立即被抛诸脑后。

只要走对方向，不分男女，都有可能成为事业的创始人或启蒙者。有发觉别人能力或才能的本事，也可以专门培育人才。他们颇能激起朋友对新事物的兴趣和勇气，手段生动，本身也充满了热情，绝非演戏。

外向直觉型的人热心播种，播完之后又移往别处，让别人丰收，自己却白白浪费人生。如果缺乏思考和感情的判断，极可能扮演得不偿失的角色。

当这种倾向过强时，无意识便起而抗衡。和前面的"外向感觉型"一样，也会有妄想，但不是充满神秘色彩的，而是与现实有关。例如，这种类型的人可能被完全不同性格的异性吸引，甚至到达无法自拔的地步。因为对方触及他原始感觉圈的琴弦，而自己被无意识世界的感觉控制了。

这种类型的人和"外向感觉型"一样，有种种强迫神经症的症候。

内向思考型

这种类型的人和刚才的"外向思考型"一样，追随理念，只不过方向是朝内，而不是朝外。在自己的内部建立成一个理念世界，并积极推动发展，不会因为怕麻烦、危险、被视为异端、伤害与他人之间的感情等种种理由而放弃。

但是，这种理念却与事实不相符。所以在实际的能力和行动方面较为逊色。不在乎客观的材料，只是为理论而理论。追求理念的方式是主观、顽固、倔强的，不接受别人的意见。

这种类型的人对旁人不太关心，甚至漠不关心，好像把旁人当成一种累赘，给人冷淡、自我、旁若无人的印象。

相反，他们有时也会对旁人展现恭敬、亲切、和蔼的态度，但是却显得笨拙。这是因为这种类型的人担心被人设计陷害，才采取这些态度以防患未然。所以，仔细观察就可以看出虽然是恭敬，其实是“礼而无礼”，特意表现恭敬的态度，倒像是在讽刺。表现和蔼的方式若不甚高明，反而显得轻浮。

因此，这类型的人很容易被人误解。不擅长社交，又不懂得如何博取别人的好感。了解的人对这种类型的人的随和态度以及丰富的内涵，给予极高的评价；不了解的人，则视为冷漠、孤僻、夜郎自大。事实上，如前所述，这种类型的人基本上对理论有着十分执著的勇气，也有冒险家的精神，只是对外在现实心怀恐惧，难以突破。

这种类型的人不在乎旁人的评价，也不热衷于自我宣传，这可视为一项美德。若能遇到知心人，很快就能深深地吸引对方。此乃最不具竞争能力的感情使然。

这种类型的男性遇到懂得装作纯洁无知的天真女性，或是表面上崇拜却行纵擒之实的精明女性时，无不俯首称臣。然而，有过一次痛苦经验后，便会敬女人而远之。

心怀理想世界，建立理想理念的哲学家肯特，就是最典型的例子。但是，若过于执拗沉迷，深信只能独行其身，则恐有沦于顽固、独断、偏激之虞。

一般而言，这种类型的人在自己的事业领域中会遇到强劲的对手，免不了苦战一场。虽说未必失败，但是一旦涉及感情，就会觉得不平衡而怒目相向，最后遭人孤立，失去了朋友。即使在一些最基本的理念上也容易感情用事，最后走上自我毁灭的道路。

不过，以上所说的只是一些较为极端的例子。这种类型的人的优点是具有抽象式的思考模式，缺点则是过于主观而无法与现实相容。不愿意与周遭的事物和人际关系妥协，难免会产生一些摩擦，而被列入顽固之列。

内向感情型

内向感情型的人，以女性居多。

这种类型的人感情，受到内在、主观的要素所支配。感情的深度，外人完全看不出来。沉默、孤僻、厌恶粗俗的人，外人看来文静有礼，捉摸不定。多愁善感的人，有时会被别人认为“对别人的幸或是不幸，完全无动于衷”。

这一类型对于初次见面或没有什么关系的人，从不会表现出亲切、热诚的接待态度，而是采取冷淡、拒绝的态度。

总之，这个类型的人对外界的事物较不关心。

但也并不是说，他们就不会碰到符合自己兴趣，或是能诱使他们兴奋的人物。这种类型的人，多半是采取善意的中立态度。偶尔，也会稍微掺杂着一些优越、批判的态度，因此易给人骄傲自大的印象。这一类型的人，如果是女性的话，多半会把自己的激情压抑下来，心如止水。

但是，有时她也会情不自禁、无意识地接受激情。这就是当她碰到了自己潜意识中的理想男性时，她会完全陷于无防御状态中，成为感情的俘虏。不过要不了多久，等热情过了之后，她就会强烈地抵抗，伤害对方，轻视对方，故意对对方冷淡，把对方当做是“包袱”。换言之，做出越轨之事。因此，即使陷入了感情的迷雾中，也会赶紧踩住刹车，开始漠视对方。

因为他们处理感情的态度，使得很多只看表面的人，很容易把他们当做是“冷淡”，或是“没有感情的冷血动物”。其实，这一类型的人只不过是抑制感情，不让它表现在外罢了，事实上，他们还是富有感情的。不只是热情，同情也是一样的。当他们对某人寄予同情时，绝不会是泛泛的，而是非常深刻的同情。就是因为太深刻了，他们甚至更会陷入感同身受的悲哀中，因此，对同情的对象，无法说出安慰、鼓励这一类虚伪的话。因为他们什么都没有表现出来，所以会被周围的人，特别是外向型的人视为冷淡。但是有朝一日，当深刻的同情会溢出原始性格，体现出直觉外向的特点，那么，这种直觉的优缺点都会显示出来直觉外向的优点——前面已经述及，这就是对客观现实的种种可能性保持的“直觉”——具有可以嗅出现实中所有黑暗、危险、暧昧事物的特殊能力，因此，也有相当危险、破坏性的力量。

通常，这种被压抑的直觉，会补偿性地活动。这一类型的人，容易采取在幻想世界中独自生存的生活态度，因此，需要稍微弥补一下脱离现实的倾向。

当无意识不敌意识时，前述的直觉便表现出来。勉强贯彻自己的要求，对外界的对象生出丑恶感，开始发挥潜伏的破坏性威力。一旦走上极端，会和“外向感觉型”一样，采取强迫神经症的生活态度。

内向直觉型

这种类型的人，可能成为预言家或艺术家。因为他们内在的直觉，在受到了外界的刺激开始活动时，只注意自己的内在感觉，不会被外界所眩惑。

举个例子来说吧，当这一类型的人看到某种事物，目眩眼花时，他既不会去客观地调查目眩眼花的情况是怎么发生、怎么结束、程度有多强的，也不会记在心里。而是透过自己主观的直觉、清清楚楚地感觉到，在令人目眩的现象背后，心脏被射了一箭。

这种比喻听起来似乎蛮抽象的，不过重要的是，这种类型的人的性格中，都寄宿着“集合的无意识”，这种无意识，便是将来可以预见即将发生的事情和创造力的源泉。运用得当的话，甚至可以成为预言家或艺术家。当思考和感情发挥到最高限界时，可以使这种类型的人成为独创性的思想家或宗教家，致力于使无意识显现的人，可以成为杰出的艺术家，但若完全不加以努力，往往只能成为一个梦想家。

这种类型的人，给人的印象是既讨厌和现实接触，也不努力去适应现实。甚至会被别人认为“对这种人而言，现实生活好像怎么样都无所谓，一副吊儿郎当样子”。其实，这种类型的人对于自己身为社会的一分子的意识很淡漠，对周围的人很冷淡，又把一切外界事物，视为单纯的刺激，一向太过于强求，因此在外向型的人看来，便觉得他们是故意轻视世俗。

通常，这一类型的人不会去用心思索一些人生的道理，或为此所苦恼。像人生应该怎么过，应该采取何种态度过一生……一类问题，他们连想都懒得想。当然偶尔也会有几个例外。不过这是少数，不管怎么努力，也无法使自己的理想合于现实，顶多沦为象征性的东西罢了。一般而言，这种类型的人所说的话，都太过主观，很难被别人理解。说话的论据，又缺乏合理性责难以令人心服口服，因此，典型的这种类型的人，只能在荒野里自己说给自己听。

对这一类型的人而言，最被压抑的是感觉。这也是这种人“无意识”的特色。通常，无意识的外向感觉会补偿性地活动，一旦压抑过度、无意识不敌意识时，会觉得外界的事物都变成一种异常的束缚。状况加剧时，甚至会陷入一种强迫神经症。症状是：开始异常注意自己身体状况，视觉、听觉、触觉等变得异常敏感，或是把注意力全部强迫性地集中在固定的人物、事物上。

不过，发展到这种病态现象的，毕竟为数甚少。一般他们只不过会给人腼腆、太过客气、没有自信、犹豫不决的印象。不擅长人际关系，也不太表现，故常被视为毫无内涵、极为无趣的人物。其实，他们和前述“内向感觉型”一样，内在的世界是非常丰富的，只是不擅长以言语表达而已。

从以上八种类型中，聪明的读者一定找到了与自己极为相似的类型吧！或是觉得自己好像不属于任何一种类型呢？相反的，想必也有读者觉得自己同时具备两三种类型的特质吧！

荣格认为，人们实质上根本不可能理解和接受与自己相异的任何观点。但是，他相信有关人格类型的知识可以使个体观察到他们自己的偏颇，从而避免“累积太多对对方的侮辱、猜疑和轻蔑”。荣格也认为，表面上非常随机的行为，实际上非常有序与一致，这些源于个体人格类型方面的根本差异。因此，从总体上理解类型，特别是自己的类型能够在许多方面帮助一个人。

虽然各种人格类型本身并没有价值负荷，但在具体的情境中，每种人格类型都有其优势与不足，比如思维型的人逻辑性普遍较强，他们的活动和行为主要依据理性的结论，但是在人际交往方面的柔韧性不足，对别人的情感变化不太敏感：而情感型的人过分强调人际因素，而缺乏对具体事实之间关系等的理性分析……因此，从总体上理解类型，特别是自己的类型，有助于了解、进而欣赏自己的独特天赋，促进个体人格的完善，这与荣格分析心理学的目标也是吻合的，通过对个体类型的分析、领悟，从而达到人格整合的目的；类型上的差异能够解释人际交往中的困难，认识一个人自身的人格类型和认识到其他相当多的类型的存在能够有助于一个人的个体反应，可能导致更有意识的和更加成功的人际关系。在人际情境中，理解其他成员的人格类型特点，可以大大减少彼此间的摩擦，例如，在正常情况下，让与你类型不同，甚至对立的人去赞同你的观点几乎是不可能的。当你认识与相反类型的人必须在一起工作或者生活时，那么这种意见相左就不会使你太愤怒。你就会认识到他或者她不是故意与你对立，而仅仅是他或者她的类型与你相反。如果有机会，相反的类型对对方也极其有用，因为对方可以从同一件事情上看到他难以看到的东西。

第四章　荣格理论的应用

一、性格类型测验

人际关系之中的许多冲突和纷争能够通过人格类型理论得到解释。荣格认为，人们实质上根本不可能理解和接受与自己相异的任何观点。例如，荣格根据人格类型理论解释了弗洛伊德与阿德勒之间的分歧。弗洛伊德的理论主要与个体对外的需要和追求有关，这是一种外倾型的理论。而阿德勒的理论是建立在个体维持自身的自尊、声望和权利需要的基础之上的，因此，他的理论是一种内倾型理论。但是，他相信有关人格类型的知识可以使个体观察到他们自己的偏颇，从而避免“累积太多对对方的侮辱、猜疑和轻蔑”。荣格也认为，表面上非常随机的行为，实际上非常有序与一致，这些源于个体人格类型方面的根本差异。因此，从总体上理解类型，特别是自己的类型能够在许多方面帮助一个人。

荣格在临床实践中注意到人们行为之间的众多共性，与此同时，他也意识到了人们行为方面的模式化差异，于是荣格在大量个案观察的基础之上，于 1921 年发表了《心理类型学》一书，但是荣格并没有进一步构建一种量化人格类型假说的工具。

荣格主义学者编制的第一个人格问卷是由 Horace Grey

和 Jose B. Wheelwright 于 20 世纪 40 年代编制的。荣格类型调查问卷（Jungian Type Survey），也叫 G W 问卷，在荣格类型调查问卷中稍晚出现的一个问卷，叫 MBTI 量表。在美国，Myers-Briggs Type Indicator personality inventory 梅彼类型指标人格量表（简称 MBTI）的创始人凯瑟琳·库克·布理格斯（Katharine Cook Briggs，1877—1968）和伊莎贝尔·布理格斯·麦尔斯（Isabel Briggs Myers，1897—1980）出于对个体差异的兴趣，并被荣格的工作所吸引，从 1923 年开始在荣格心理类型理论的基础上进行人格的类型学研究。1942 年 Myers 花了几年的时间来归类、分析，制定了 MBTI 的版本 A 和版本 B。这样，经过 60 多年的修改，从 A 版到 M 版的发行，MBTI 在国外得到了广泛的应用，从 1962 年至 1994 年已有超过 4000 篇研究报告[①]。其研究主要集中在对量表信、效度、在心理咨询与治疗、教育和职业咨询、在组织中类型的管理、在不同文化中类型的使用等方面。

MBTI 量表在荣格内—外倾，感觉—直觉、思维—情感这三个维度外，又增加了知觉—判断这个维度，形成 16 种人格类型。到目前为止，MBTI 的版本已到 M 版（适合于 12 岁以上的儿童与成人）。除了 M 版的自我评分组外，其他版本的施测都应由专业人员进行。MBTI 的一个衍生版本，是由 Elizabeth Murphy 和 Charles Meisgeier 为 7～13 岁的儿童（在美国上 2～8 年级）发展的一个量表，叫做 Murphy-Meisgeier Type Indicator for Children（简称

① 敖小兰，石竹屏．心理学中人格评估法综述．重庆交通学院学报（社科版），2004（2）：32～35.

MMTIC)。此量表与 MBTI 一样有四个维度，但是是以美国 2 年级的学生能够理解的语言来书写的。

MBTI 在荣格心理类型的基础上，由 Myers 增加了一个知觉 P（Perceiving）—判断 J（Judging）维度。因此，MBTI 由下面四个维度组成，其中每个维度又分为两级。在 MBTI 得出的人格类型结果，会由 4 个字母组成，每个字母都代表了在某个维度上个体的偏好。

维度一，外倾 E（extraversion）—内倾 I（introversion)。根据心理能量的流向或态度的不同，个体可分为偏好外倾或内倾。

外倾态度（E）：在外倾的态度中，心理能量和注意是向外流动的，是指向外在环境中的客体的。个体着重外在世界，因注意外在事情而获得动力。

内倾态度（I）：在内倾的态度中，心理能量是从外部环境向内流动的，指向个体的内在经验与反应。个体着重内在世界，因内省、感觉而获得动力。

维度二，感觉 S（sensing）—直觉 N（intuition)。根据获取信息的不同，个体可分为偏好感觉或直觉。

感觉功能（S）：偏好感觉的个体倾向于通过视觉、听觉、触觉、味觉和嗅觉这 5 种方式来获得信息，个体表现为注重现在的事实与具体观点。

直觉功能（N）：偏好直觉的个体倾向于感知的可能性、事物之间的关系，注重事物的未来发展。

维度三，思维 T（thinking）—情感 F（feeling)。根据对获取信息如何做出判断，个体可分为偏好思维或情感。

思维功能（T）：根据对客观事实的分析，来做出决定，注重公平原则。

情感功能（F）：在做出判断时，倾向于从个人感觉出发，注重事物对自身的价值与喜好。

维度四，判断 J（juding）—知觉 P（perceiving）。根据个体与外界相处时的态度或倾向，个体可分为偏好判断或知觉。

判断态度（J）：喜欢有条理的生活，实施计划时以目标为本。通过思考或情感（T 或 F）来对外界做出反应。

感知态度（P）：不介意突发事情，喜欢弹性生活，注重过程而非目标。通过感觉或直觉（N 或 S）来对外界做出反应。

现在荣格的性格类型理论大量运用在心理咨询、婚姻咨询、职业指导、学校教育中，心理咨询师无法控制或者解决诸如经济、文化、体质差异等方面的问题，但在遵守心理咨询原则的前提下，他们能够做到的主要是分析亲子关系、夫妻关系、职场人际关系中双方的人格特征以及他们之间的互动方式，进而调整和发展一种和谐的人际互动模式，促进良性关系的成长。众多理论研究以及临床咨询报告表明，人际关系冲突经常与人格类型上的差异有关，理解自己以及对方人格类型特征有助于改变人际双方的个性化反应，能够创造更多有意识的、丰富的人际关系。荣格人格类型理论不仅指出了各种类型组合可能存在的冲突，而且在更深层次上探讨了人格类型特征背后的心理动力特征，这样就可以将荣格的分析心理学理论有机地揉合进心理咨询中去，从而为临床心理咨询提供某些理论线索与操作模式。

目前 MBTI 在美国和世界其他国家成为最为广泛使用的测量手段之一。从 1975 年至今，已经有超过 3 000 万人接受过 MBTI 的类型分析。在最近的 5 年中，就已经超过了 1 000 万人次。还有 200 万人在每年都做 MBTI 的相关测试，从而为 MBTI 提供长期的调查分析报告。

在全球范围内，MBTI 都是一种广泛使用的人格量表。据美国心理类型应用中心主席玛丽·麦考利（Mary H. McCaulley）估计，全世界每年有 170 万各类人员接受 MBTI 的测试①。它已成为泛美航空公司、美海军武器中心、弗吉尼亚电力公司、苹果公司等大型机构管理人员选拔与评估的重要手段②。MBTI 同时被翻译成日语、法语、西班牙语、朝鲜语、德语、丹麦语和汉语等，并被广泛地应用于心理咨询与治疗、教育、职业指导、组织管理和多文化培训中③。

二、荣格解梦

我们从小到大都做过很多梦，有些梦醒来就忘了，而有些梦离奇古怪得不靠谱。有很多人都对人的梦境发生了兴趣，并且声称可以帮人解梦。除了弗洛伊德有梦的研究，另一位大师级的人物是瑞士心理学家荣格。荣格解释过数以万计的梦，对梦有极为深刻的理解，但他的观点与弗洛伊德的观点不同，他不认为梦仅仅是为了满足愿望，也不认为梦进行了什么伪装。荣格认为“梦是无意识为灵魂自发的和没有扭曲的产物……梦给我们展示的是未加修饰的自然的真理”；在弗洛伊德看来，梦好像一个狡猾的流氓，

---

①③ 唐薇．麦尔斯—碧瑞斯人格类型量表（MBTI）的理论及应用的初步研究．华东师范大学硕士论文，2003.

② MooreT. Personality testar eback. Fortune Magazine，1987.

拐弯抹角地说下流话。而在荣格看来，梦好像是一个诗人，他用生动形象的语言讲述关于心灵的真理。这种梦所用的类似于诗的语言就是象征。荣格对于梦的解释和弗洛伊德的最大不同在于对于梦中象征物的理解。弗洛伊德对梦的解析，是一种回溯性分析，受因果律的支配，是一种还原论的思想；而荣格则同时采用回溯性分析和展望性分析，是终极性的推论，是一种目的论加还原论的整体思想。

荣格对象征化过程进行了长期深入的钻研。在这个专题上他比其他任何心理学家都有更多的著述和研究。他的十八卷文集中有五卷是专门研究宗教和炼金术中的象征的。实际上他在他的全部著作中也都频繁地讨论到这一问题。可以毫不夸张地说，原型和象征是荣格最重要的两个基本概念。而这两个概念又是彼此紧密关联的。象征是原型的外在化显现，原型只有通过象征来表现自己。之所以如此，原因就在于原型深深地隐藏在集体无意识中，它对于人们说来是未知的和不可知的。然而尽管如此，它却始终影响和指导着人的意识和行为。因此，只有通过对象征、梦、幻想、幻觉、神话、艺术的分析和解释，才能或多或少地对集体无意识有所认识。

荣格在他的早期著作《转变的象征》中就是这样做的。而且，正是这本书标志着荣格对弗洛伊德教导的背离，并在此后的几年内，终于导致两人关系彻底破裂和在事业上分道扬镳。更重要的是，这本书为荣格此后在人类精神领域中的一系列重要发现奠定了坚实的基础。

放大梦的翅膀

《转变的象征》是对一位年轻的美国姑娘的一系列幻想所做的深入分析。荣格把这种分析方法叫做“放大”（amplification)。这种研究方法要求分析者本人就某一特殊的语言要素或语言意象，尽可能多地搜集有关的知识。这些知识可以来自种种不同的渠道：分析者本人的经验和知识；产生这一意象的人自己所作的提示和联想；历史资料和考证；人类学和考古学的发现；以及文学、艺术、神话、宗教等等。

举例来说，这位年轻姑娘写了一首诗，题目叫做《逐日的飞蛾》。诗中写的是一只飞蛾希望只要从太阳那儿得到哪怕是一瞬间"销魂的青睐"(one rapture glance)，就宁可心甘情愿地幸福死去。荣格专门以一章三十八页的篇幅来放大这一飞蛾逐日的意象。在这一放大的过程中，他旁征博引地涉及歌德的《浮士德》，阿普勒乌斯(APu-leius)的《金驴》、基督教的以及埃及和波斯的经文(texts)，涉及和引证了马丁·布伯(Martin Buber)、托马斯·卡莱尔、柏拉图、现代诗歌、尼采、拜伦、西拉诺·德·贝尔热拉克[①]和精神分裂症病人的幻觉以及许多别的资料。不难看出，这种放大的方法需要分析者本人具有相当渊博的学识。在与本书作者的一次谈话中，荣格把他拥有的这种涉及多种学科的广泛知识，归功于在他那里接受治疗的各种各样的病人。这些病人中有许多都受过专业良好的专业教育。荣格不得不掌握他们的专业，这样才能对他们的梦和象征进行分析放大。假如一位正在接受荣格分析治疗的病人是一位理论物理学家，那么，他就很可能用现代物理学的术语和概念来表达他的情结和原型。而因此荣格也就

① 西拉诺·德·贝尔热拉克(Cyrano Be Bergerac)，1619—1655年，法国剧作家。

必须懂得现代物理学的有关知识。

放大是为了理解梦、幻想、幻觉、绘画和一切人类精神产物的象征意义和原型根基。例如，对那首《飞蛾之歌》的意义，荣格是这样说的："在太阳与飞蛾的象征下，我们经过深深的挖掘，一直向下接触到人类精神的历史断层。在这种挖掘的过程中，我们发现了一个深深埋藏着的偶像——太阳英雄（the sun-hero），'他年轻英俊，头戴金光灿烂的王冠，长着明亮耀眼的头发'，对一个人短促有限的一生来说，他是永远不可企及的，他围绕大地旋转，给人类带来白昼与黑夜、春夏与秋冬、生命和死亡；他带着再生的、返老还童的辉煌，一次又一次地从大地上升起，把它的光芒洒向新的生命新的世纪。我们这位梦想家正是以她的全部灵魂向往和憧憬着这位太阳英雄，她的'灵魂的飞蛾，为了他而焚毁了自己的翅膀'。"从太阳英雄的象征中，我们看到了一种原型的再现，它产生和来源于人类无数世代所共同经历和体验到的太阳的伟大光芒和力量。

神秘的炼金术

此外，荣格对炼金术也给予了极大的重视和关注。人们一般以为，中世纪的炼金术士们企图点铁成金，把普通金属变成贵重金属。然而所谓炼金术，实际上是一套极其复杂的哲学，这套哲学是以化学实验的方式表达出来的。在整个中世纪，哲学家们和科学家们都严肃而又郑重地看待这一问题，人们就这个问题撰写了大量的文章著述。在这个基础上才产生出化学这门现代科学。

荣格对这一课题极感兴趣，因为他感觉到炼金术哲学和炼金术实验作为一种象征，即使不是全部，至少也是多方面地揭示了人的那些通过遗传而禀赋的原型。荣格以他特有的研究热情，阅读、通晓和掌握了大量有关炼金术的文字著述，并专门写了两大卷书来论述它对于心理学的意义。

对心理学家们说来，特别有趣的是《心理学与炼金术》这本书。荣格在这本书中显示了中世纪炼金术的象征以怎样的方式，重新出现在一位正接受分析治疗的人的梦和幻觉中。这个人生活在20世纪，对炼金术一无所知。然而在他的梦中，许多人围着一块方形物向左行走。做梦的这个人则站在一旁。那些人说有一种长臂猿将要被重新创造出来。在这个梦中，方形物象征着炼金术士的工作，这个工作就是把原来混沌的物质分解为四种基本元素，并使它们重新结合为一个更加完美的整体。围绕方形物行走再现了这一整体。而长臂猿则代表着一种能够点铁成金的物质。

按照荣格的理解，这个梦表明做梦的病人（他站在这种统一活动的旁边）让他意识的自我在人格中扮演了过分重要的角色，因而不注意使他天性中阴影原型的一面得到表现和个性化。这个病人只有通过使他人格中的各种要素得到整合，才能达到内心的和谐和平衡。正如炼金术士只有通过使各种基本元素得到恰当的配合，才能达到点铁成金的目的一样。

在另一个梦里，做梦的人梦见在他面前的桌子上放着一个玻璃杯子，里面装着一种胶冻状的物质。这个杯子代表着炼金术士用来进行蒸馏的器皿，杯子里的内容则代表一种没有任何形式的质料，炼金术士希望把这种东西转变为所谓的哲人之石（the philosopher's stone）。这种哲人之石具有点铁成金的神奇力量。在这个梦中出现的炼金术象征，表明做梦的这个人希望或应该希望使自己成为更超越更整合的人。

当一个人做梦梦见了水，据说这水就再现了炼金术士的生命活水或生命芳醇所具有的再生力量，当他梦见发现了一朵蓝色的花，这朵花就代表着哲人之石的产地；当他梦见把金币扔在地上，那就是他在嘲笑炼金术士想要成就一种完美统一的物质的痴心妄想；当病人画出一个车轮，荣格就会从中看出它与炼金术士的车轮的联系，它再现了在炼金术士的作坊里为造成物质的转变而进行蒸馏的循环过程。以同样的方式，荣格把病人梦见的一个蛋解释为炼金术士用以开始工作的原始材料，把一颗宝石解释为那种人人都想获得的哲人之石。

综观所有这些梦，可以发现，在做梦的人用来表现他的困境和目标的那些象征，和中世纪炼金术士用来表达他们的辛勤努力的那些象征之间，存在着明显的平行对应关系。这些特别的梦所具有的显著特征，是那些被炼金术采用的对象和材料的相当精确的反映。由于拥有炼金术方面的知识，荣格就能够指出这种惊人的相似。他从他的研究中得出这样的结论：中世纪炼金术士以化学实验的方式表达的愿望和努力，同病人以做梦的方式表达的愿望和努力完全一致。正像炼金术士希望个性化（转化）物质以获得一种完美的实体一样，做梦的人也希望在梦中使自己个性化，从而成为一个更加丰富的有机统一体。荣格深信梦的意象与炼金术之间的这种平行对应关系，证明了普遍原型的确存在。

神话和神秘现象

更何况，荣格通过在非洲和其他地区所作的人类学调查，发现同样的原型也表现在原始氏族的神话中。此外，同样的原型也还表现在无论是现代的还是原始的艺术和宗教中。荣格总结说"(原型的)体验在每个个人身上采取的形式可能是无限多变的，然而正像炼金术中的各种象征一样，它们全都不过是某些中心类型（central ty-pes）的变体，而这些中心类型却是普遍存在的。"

在荣格最吸引人的那些文章中，有一篇是专门讨论"现代神话"即所谓飞碟象征的。荣格并不打算证明究竟有没有所谓飞碟。他宁愿从心理学角度提出问题："为什么这么多人深信他们确实看见过飞碟?"在对这个问题做出回答的时候——他认为心理学家只能在这一问题的范围内进行讨论——他借助于梦、神话、艺术和历史资料，论证了所谓飞碟其实不过是总体性（totality）的象征。它是一个发光的圆盘，一种曼达拉。它来自另一个星球（人的无意识），运载着陌生的太空人（无意识原型）。

这种典型的荣格式分析（放大）方法，纯粹是一种心理学的分析方法。它不取决于所谓飞碟究竟是一种真实的东西还是一种虚幻的东西。人们可以这样去引申：如果它们确实是真实的东西，那么发明飞碟的人就为同样的整体原型所支配，从而地球上的人才能够看见这种东西。总之，心理真实（the reality of the psyche）是心理学家感兴趣的唯一的真实；而外部世界的真实（the re-ality of the exter-nal world）则是物理科学家们关心和注重的问题。

对飞碟（UFO）的关注和重视在20世纪50年代达到了顶峰。按照荣格的说法，这种关注和重视根源于战争给人们带来的困惑、混乱和冲突。人们渴望从冷战和国际纷争的重负下解脱出来，达到和谐与统一。荣格认为，在充满危机的时代，新象征可能产生和设计出来，旧象征也可能重新复活。例如，在这一彷徨困惑和人性丧失的时代，就有人转向星相学，以期从中找回他们自己的个性；也有人转向东方宗教，东方哲学或原始基督教，希望从中找到自我人格的象征。

象征的意义

现在我们比较系统地讨论一下荣格的象征理论。在荣格看来，一种象征，无论是出现在梦中还是出现在白昼生活中，都同时具有双重重要意义。一方面，它表达和再现了一种受到挫折的本能冲动渴望得到满足的愿望；象征的这一侧面，与弗洛伊德关于象征是欲望的伪装的解释是一致的。性欲和攻击欲由于在日常生活中处处受到禁止和压抑，就构成并转变为梦中的各种象征。

第一，在荣格看来，象征不仅仅是一种伪装，它同时也是原始本能驱力的转化。这些象征试图把人的本能能量引导到文化价值和精神价值中去。这一思想并不新鲜，它要说明的是：文学、艺术以及宗教，都不过是生物本能的衍化。譬如，性本能转入舞蹈而成为一种艺术形式，或者攻击本能转化到竞争性的游戏和比赛之中。

第二，荣格始终坚持认为：象征或象征性活动并不仅仅是把本能能量从其本来的对象中移植到替换性对象上。也就是说，舞蹈并不仅仅是用来代替性行为的，它是某种超越了纯粹性行为的东西。荣格在他自己所说的这一段话中最清楚地揭示了象征理论最重要的本质特征："象征不是一种用来把人人皆知的东西加以遮蔽的符号。这不是象征的真实含义。相反，它借助于与某种东西的相似，力图阐明和揭示某种完全属于未知领域的东西，或者某种尚在形成过程中的东西。"我们还记得，在第三章中讨论能量疏导问题时，我们涉及过象征这种创造类似物的特点。

那么，所谓"尚未完全知晓的和仅仅处在形成过程中的"究竟是什么东西呢？这就是埋藏在集体无意识中的原型。一种象征，首先是原型的一种表现，虽然它往往并不是最完美的表现。荣格坚持认为：人类的历史就是不断地寻找更好的象征，即能够充分地在意识中实现其原型的象征。在某些历史时期，例如在早期基督教时代和文艺复兴时期，曾经产生过许多很好的象征。说这些象征很好，是说它们同时在许多方面满足和实现了人的天性。而在另一些历史时期，特别是 20 世纪，人类的象征变得十分贫乏和片面。现代象征大部分由各种机械、武器、技术、跨国公司和政治体制所构成，实际上是阴影原型和人格面具的表现，它忽略了人类精神的其他方面。荣格迫切希望人类能够及时创造出更好的（统一的）象征，从而避免在战争中自我毁灭。

荣格之所以对炼金术象征特别感兴趣，就是因为他从中看见一种想把人的天性中各个方面结合起来，把彼此对立的力量锻造成一个统一体的愿望和努力。曼达拉或者魔圈（magic circle）就是这种超越性自我的主要象征。

第三，最后，象征也是人的精神的表现；它是人的天性的各个不同侧面的投影。它不仅力图表现种族储藏的和个体获得的人类智慧，而且还能够表现个人未来注定要达到的发展水平。人的命运、人的精神在未来的进化和发展，都能通过象征为他标志出来。然而某种象征中包含的意义却往往不能直接被人认识，人必须通过放大的方法来解释这一象征，以期发现和揭示其中的重要信息。

象征具有两个方面：受本能推动而追溯过去的方面和受超越人格这一终极目标指引的展望未来的方面。这两个方面是同一枚硬币的两面。对一个象征可以从任何一面来分析。回溯性分析揭示的是某一象征的本能基础；展望性分析揭示的是人对于完美、再生、和谐、净化等目标的渴望。前一种分析方法是因果论的方法，还原论的方法；后一种分析方法则是目的论的方法，终极性的方法。要对某一象征做出完整的全面的阐释，就必须同时使用两种方法。荣格认为：象征的展望的性质被人们忽视了，‘而那种把象征看做是单纯的本能冲动和愿望满足的观点遂得以流行。

一种象征的心理强度往往大于产生这一象征的原因的心理值。这意味着在某一象征的背后，既有一种作为原因的推动力，也有一种作为目标的吸引力。推动力是由本能能量提供的，吸引力则是由超越的目标提供的。单纯依靠任何一种力量都不足以创造出一种象征。可见，某种象征的心理强度，是原因和目的因素的总和，因而总是大于单纯的原因因素。

释梦

1900 年弗洛伊德的《释梦》一书刚刚问世时，荣格就读过这本书。在 1902 年发表的博士论文中，他也多次提到这本书。但正如荣格有关人的精神的观点突然大幅度地偏离了弗洛伊德的观点一样，荣格本人也脱离了弗洛伊德精神分析学派，并逐渐形成了自己的思想。正因为如此，他

对于梦的理解与维也纳精神分析学派对梦的理解，也存在着尖锐的分歧。但是无论荣格还是弗洛伊德，都认为梦是无意识心灵最清楚的表达和显现。对我们的梦进行的反思，也就是对我们的基本天性所作的反思。

大梦与小梦

当然，并不是所有的梦都具有同等的意义和价值。有许多梦只涉及白天萦绕心怀的琐事，并不能照亮做梦者的心灵深处。但有时候，一个人的梦距离其日常生活如此遥远、如此神秘和神圣——这是荣格在说到某种强烈震撼人心的体验时最喜欢使用的一个词——如此奇异陌生、不可思议，以致这梦仿佛并不属于做梦者本人而来自另一个世界。实际上所谓另一个世界，就是无意识的地下世界。在古代，甚至就在今天，还有一些人把像这样的梦看做是神的启示或者祖先的告诫。

荣格把这些梦叫做“大”梦。这些梦每每发生在无意识中出现骚动和错乱的时候，通常由自我不能很好协调和应付外界生活所导致。正在接受精神分析的病人，由于治疗过程中要不断触及和搅动他的无意识，所以往往频繁地做这种“大”梦。第一次世界大战后不久，荣格通过对他的德国病人们所做的梦的深层分析，曾预言“金发野兽”（blond beast）随时有可能冲出其地下囚牢，给整个世界带来灾难性的后果。在希特勒崛起之前若干年，荣格就已经做出了这一预言。

我们已经注意到：荣格不同意弗洛伊德关于象征是受压抑的欲望的伪装表现这一基本观点。在荣格看来，梦的象征，以及其他任何象征，是阿尼玛、人格面具、阴影和其他原型希望个性化，希望把它们统一为一个和谐平衡的整体的尝试。诚然，梦的确可能沉入到过去的岁月，唤醒和复活昔日的记忆；但更重要的却是它们（或者至少是它们中的一部分）是实现人格发展这一最终目标的蓝图。它们既指向过去也指向未来。它们既是传示给我们的信息，又是我们所遵循的向导。“这种向前展望的功能……是在无意识中对未来成就的预测和期待，是某种预演，某种蓝图，或事先匆匆拟就的计划。它的象征性内容有时会勾画出某种冲突的解决……”但是荣格提醒我们，不要把所有的梦都看作是对未来的展望，因为很可能只有极少数才具有这种性质。

如果变换一种角度来考察，那么梦也可以是一种补偿；它试图补偿精神中所有那些遭到忽视，因而也就未得到分化发展的方面，企图以此造成某种平衡。“梦的一般功能是企图恢复心理的平衡，它通过制造梦中的内容来重建……整个精神的平衡和均势。”①

梦的基本目的不是经过伪装满足欲望，而是恢复心理平衡。荣格称为梦的补偿。他认为，如果一个人的个性发展不平衡，当他过分地发展自己的一个方面，而压抑自己的另外一些方面时，梦就会提醒他注意到这被压抑的一面。例如，当一个人过分珍重自己强悍、勇敢的气质，而不承认自己也有温情，甚至也有软弱的一面时，他也许就会梦见自己是个胆怯的小女孩。

他还认为，梦展示出做梦者自己内心的被忽视被压抑的一面，因此往往可以起到警示的作用。荣格提到这样一

① ［瑞士］荣格著，张举文译．人及其象征．沈阳：辽宁教育出版社，1988.

个例子：

一个女士，平时刚愎自用、固执偏激、喜欢争论。她做了一个梦："我参加社交聚会。女主人欢迎我说：'真高兴您来了，您的所有朋友都在这儿等您呐'。然后，女主人领我到门口，帮我开门。我走进去一看，是牛栏。"

由这个梦可以看出，做梦者内心的另一面是谦虚的，它提醒这位女士，你平时的表现就像一只犟牛。荣格还有一种观点，他认为人类世世代代经历的事件和情感，最终会在心灵上留下痕迹，这痕迹可以通过遗传传递。例如，当一个人想到太阳，他就会想到伟大、善良、光彩照人，如同一个英俊的男子。想到月亮，就会想到温柔、美丽、含情脉脉，如同一个漂亮的女子。

美好，如同一个少女。这是因为一代代的人都看到太阳和月亮，一代代人对太阳和月亮的情感通过遗传传到了每一个人心里。一个现代人想到智者时，很容易在心里浮现出一个白发长须的老者形象，而不太可能浮现出一个活泼的少女形象来，这就是因为在过去的世世代代，最聪明的人是那些饱经沧桑的老人。

荣格把这种遗传的原始痕迹称为原型。他说原型本身不是具体的形象，而只是一种意向，但是原型却可以通过一种形象出现。在梦里，有时会出现一些奇异的情节和形象，这些东西用做梦者自身生活的经历解释不了，那么，这就是表现原型的形象。

有一个 10 岁的女孩做了一系列梦，梦中有极其古怪不可思议的形象和主题。她把这些梦画成了画册，画册上画了这样一些画面：

1. 邪恶的蛇样怪物出现，它有角，杀死并吃掉其他动物。但上帝从四面来到，（画上是 4 个上帝），让所有动物再生。

2. 升天，上面异教徒在跳舞庆祝。下地狱，天使们在行善。

3. 一群小动物恐吓她，小动物变大，其中一个吞吃了她。

4. 一个小耗子为虫子、蛇、鱼和人所穿透。耗子变人。

这描绘人类开始的四个阶段。

5. 透过显微镜看一滴水，她看到水中有许多树。这描绘了世界（或者说生命）的诞生。

6. 一个坏孩子拿着一块土，他一点点扔向路人，路人便都变成坏人。

7. 一醉妇落水，起来又成新人。

8. 美国，许多人在蚁堆上滚并被蚂蚁攻击，一害怕，这个小女孩掉到河里。

9. 月亮上有个沙漠。她往下沉入地狱。

10. 有个闪光的球。她碰它它便冒蒸气，里边出来一个人把她杀了。

11. 她自己病危。突然肚子里生出鸟来，把她盖住了。

12. 大批昆虫遮住了太阳、月亮和星星，唯一一个没有被遮盖的星星落到她身上。

荣格认为，这些梦的思想带有哲学概念。比如以上每个梦中都有死亡和复活的主题，这种主题也存在于许多宗教思想之中，而且是全球性的。第四、五个梦包含着进化论的思想，第二个梦反映了道德相对性的思想。总的来说，这一系列梦思考了一组哲学问题：死亡、复活、赎罪、人类诞生和价值相对性。反映了“人生如梦”的思想和生死的转化。

那么，一个10岁的女孩子怎么可能懂得这些呢？又怎么会想到这些呢？荣格认为，她能懂，是因为世世代代祖先的思考，已通过原型遗传给了她。她要想这些，是因为她面临了这个问题，她可能就要死了。这个做梦的女孩，当时虽然没有病，却在不久后因为被传染而病故。

在荣格眼中，原型并不是一些固定的形式，而更像一些潜藏在我们心灵最深处——荣格称之为集体潜意识——的原始人的灵魂。这些原始人在梦中以种种不同的形象出现，当我们遇到难题时，他帮我们想主意，当我们面临危险时，他警示我们。由于他有几百几千代的生活经验，他的智慧和直觉远远超过我们意识中的思想。

荣格认为“我们心中的原始人”是用梦来显示自己，表达自己的。我们如果能理解梦，就如同认识了许多“原始人”朋友，他们的智慧可以给我们极大的帮助。

荣格认为，不是所有的梦都有同等的价值的，有些梦只涉及琐事，不大重要；而另一些梦——原型介入了梦——则震撼人心，如此神秘和神圣，如此奇异陌生，不可思议，仿佛来自另一个世界，这些梦是更重要的。

梦不是愿望的满足，而是启示，是对未来的预测或预示，所以，我们应重视梦的智慧。

梦的系列

除了像弗洛伊德那样对单个的梦进行分析之外，还可以对一段时期以来的一系列梦进行分析。荣格很可能是第一个建议这样做的人。事实上，荣格认为对个别的梦进行分析几乎没有什么意义。他要求他的病人把他们的梦仔细

地记录下来。连续的梦就像一本书的各个不同篇章一样；每一章都为整个故事的叙述增添了一点新的东西，它们的总和就形成了一个融汇连贯的人格画面，就像把拼版玩具一块块拼合起来就形成一幅画面一样。况且，梦的连续系列还可以揭示某些反复出现的主题，因而也就可以揭示心灵在梦中的主要倾向。在我们对梦的研究中，我们曾使用这种系列梦的方法，发现它大有好处。

下面这些案例，就是按荣格的方向对系列梦所做的分析。一位工程师数十年如一日地把他所做的梦全部记录下来。那时他三十来岁，他多次梦见自己同许多女性朋友发生亲昵的性关系。尽管他已经结婚，但除了频繁的手淫外，他同妻子之间根本没有过性生活。他在手淫的时候也总是伴随着与他梦中情形同样的幻想。在结婚之前，他从未同任何人发生过任何形式的性关系；结婚之后他也没有同任何别的女人发生过性关系，然而他同妻子的关系却越来越糟。在妻子的坚决要求下他做了输精管结扎手术，大概是为了避免怀孕的缘故吧。

这些与性有关的梦，其中许多还显得非常真实，生动和紧张，实际上都不过是对他平时所缺少的东西的补偿。它们确实是弗洛伊德所说的那种欲望满足。然而在荣格看来，这恰好说明了他不能获得正常满足的原因。在他以往的生活中，他始终压抑和拒斥了自己人格中阴影原型的一面。他是一个埋头工作的知识分子，接受的是那种压抑其自然冲动的道德准则。这样做的结果，就使他白天受种种性欲幻想的煎熬，夜里受种种性欲梦境的折磨。这些梦要告诉他的是：由于他忽视了他天性中的一个方面，他的生活不可能不变得畸形。这种压抑的确给他的婚姻、工作和朋友关系带来了灾难性的后果。他的这些梦具有一种粗鲁的冲动性质，是足以表现受到压抑而未得到发展和分化的阴影原型的特征。

另一个在婚姻上不幸福的年轻女人，经常梦见自己和男人们打架，或受到男人们的攻击。由于她始终波动于温顺和好强之间，她平时和男人们的关系也处得不好。有时候，她充满柔情，考虑周到，很能体谅他人；有时候，她又自私好斗，语言刻薄。在荣格看来，这样的女人就是阿尼姆斯原型——女性人格中的男性成分——的牺牲品。她的所作所为本质上是对她自己身上男性气质的抗拒和挣扎。她把它看做是自己心中的敌人，一个要加以消灭的异己的东西。当然，她本人并不能自觉地意识到这究竟是怎么回事。与梦中的情形一样，她平时也不可能同男人们友好相处。因为对她说来，这些男人是她本人所憎恨的那种男性气质的活生生的体现。而无论是在白昼还是在睡梦中，一旦她的阿尼姆斯原型开始显现，她的这种被忽视了的男性气质就总是得到过度补偿；她变得过分男子气，也就是说，变得过分武断自信。随之而来的则是突然又变得极其温柔恭顺。这时候她变成了典型的女性，正像在此之前她仿佛是典型的男性一样。

她在性生活方面也极不满意，因为她把性生活看做是男性对她的肉体的一种侵犯。这种感觉她是意识到了的。她意识不到的是（然而她的梦却能意识到）：她害怕她本人的阿尼姆斯原型对她的精神进行侵犯。她经常受到她自己那个原始的，未得到充分发展的阿尼姆斯的威胁。她之所以同男人们搞不好，原因就在于她同自己的阿尼姆斯原型搞不好。荣格心理学的精神实质，就在于要人们从内心中去寻找自己同他人关系的答案，因为当我们与他人相处的时候，我们总是把自己的精神状态投射到他人身上。

早在这个女子的童年时期，当她的母亲不断在她面前滔滔不绝地指责攻击男人的时候，这种对男性的反感就开始了。男人在她心灵中留下的印象是一个可恨的形象。此后的经历又证实了这一印象。这样，对自己心中阿尼姆斯原型的反感就变得越来越强烈。

与此同时，她的母亲不断地向她强调，女人最重要的就是要像一个女人。这种关于什么是女性心理的后天教育逐渐变成了她的人格面具，于是做作的言谈举止就代替了她本来的自然天性。

荣格提醒我们：人与人之间的冲突——在这里也就是这位女性同男人们的冲突——始终是并且必然是由于人格本身的不和谐所导致的，它是这种人格不和谐的外化和投射。因此要消除这种冲突，就不能仅仅着眼于其外部表现，而必须改善其内部的不和谐。简而言之，一个人不可能摆脱那些构成他人格核心的原型的影响，这是一个基本事实。“一切都从个体内部而发端”。

还有一个商人，荣格也对他的梦作了分析。他以一种不同寻常的方式来解决他的阿尼玛原型所产生的问题。他很早就发现在他身上同时还存在着一个女性性格的人。他甚至以一个女人的名字来称呼他自己的这一女性人格。但与此同时，他也有一个同样强大的男性性格。其结果，他白天作为一个男人同他事业上各种各样的同行和朋友打交道，夜里回到家中则作为一个女人同他妻子相处。他妻子不仅容忍他这样做，甚至还鼓励和支持他，教他怎样以女性的方式穿戴、修饰、言谈和举止。他和他妻子生活得简直就像两姊妹。当然，当他同他妻子过性生活的时候，他仍然是一个男人。

通过对一个不断调戏儿童的人的梦的研究，荣格得出这样的结论：这个人本人就是一个儿童，他在精神上一直没有发育成熟，他仿佛是一个同其他儿童进行性戏耍的儿童。用荣格的术语来说，他是儿童原型的牺牲品。儿童原型占据和统治了他的整个精神，因为他有一个过分纵容庇护他的母亲和一个爱挑逗女性的父亲。

荣格不相信可以运用一套固定不变的象征或梦书来解释所有的梦。一切都因人而异，因个人所处的环境条件和做梦者精神状况的不同而不同。例如，当分析一个特殊的梦的要素时，必须考虑到做梦者的年龄、性别和种族。同样的梦的要素，对不同的人可能具有不同的意义；就是对同一个人，在不同的时候也可能具有不同的意义。荣格对梦的意义不抱任何先入之见，具体情况具体分析；他并不打算把它们强行纳入某种预先设想好的理论模式。

荣格认为，分析者要想懂得梦的真实含义，就应该紧紧扣住梦的主题而不要随做梦者的自由联想而离题万里。他发现，做梦者往往通过自由联想，用一些不相干的材料来冲淡主题，以逃避对梦的真实意义的认识。与此相反，对梦中要素的“放大”，则可以使做梦者紧紧围绕梦的主题。

根据荣格本人的估计，在他一生的职业生涯中，他分析和解释过的梦，总数不少于八万。只要一想到这点，也就不难明白为什么他被人们认为是古往今来最了不起的圆梦专家。同样，我们也可以说，在范围极其深广的象征知识方面，他也是古往今来最了不起的专家。当然，人们不应该忘记，正是通过对梦和象征的研究，他最后才发现了集体无意识及其原型。而这，才是他最卓越的成就。

三、荣格的心理治疗

精神治疗理论是荣格分析心理学的重要组成部分。荣格心理学对于心理问题的形成一般归结为某一原型没有得到良好发展而受到阻碍（当然也可能是个体层面的某一情结），由此精神系统作为自我调整而表现出神经症或别的问题。荣格心理学治疗目标因此是使受挫折的原型或情结获得应有的发展，其最为关键的是个性的成熟发展——自我实现或个性化。

荣格心理学治疗可以分为四个阶段：识化、分析、教育、个性化。前两个阶段注重情绪的宣泄和问题的分析；教育阶段则具有深远的社会意义，这一阶段强调患者作为人类个体的社会化需要和他们为自我实现而作的行动努力，同时这个治疗阶段还会涉及道德性问题。荣格派治疗师在治疗中充分认识到社会道德的认同对于患者个体的作用。这个阶段治疗里面存在教育的意义，这包括个体符合社会的正确发展、观念的学习、人生的追求方向的启示，个体在社会中的生活发展或其可行性，道德的意义等、重新帮助建立生活目标和方向；个性化阶段是荣格最为重视和要求最高的阶段，他规定这一阶段的起点是个体满足自身社会需要后的内部发展，这和个性化要求的内部的自我发展存在差异。但是它至少是一种潜在的力量，因为个性化也就是在社会需求满足的情况下来按照自己的内心意愿生活。这种需求的满足可以不是个人理想的完全实现，而是阶段性的需要满足，如大学的考取等。所以，这一治疗阶段对促进当代大学生个性的良好发展无疑也具有重要的启示作用。

荣格心理学治疗围绕治疗的四个阶段使用了许多具体的技术：如危机干预、释梦、移情技术、积极联想、沙盘技术、绘画技术、文学和诗歌阅读、艺术品的制作技术、舞蹈技术、空椅技术、象征放大技术等，来完成自我实现和个性化的治疗目标。这些具体的技术方法，对于改进当代教育方式，提高素质教育水平，实现个性的良好发展具有重要的意义。

“心理治疗（Psychotherapy）又叫精神治疗，是指用心理学方法对精神，或者说对心理进行治疗。[①]”荣格是分析性心理治疗的创立者，它是一种试图通过演绎象征意义

---

① ［瑞士］荣格著，李德荣译. 荣格性格哲学. 北京：九州出版社，2003，8：317～323.

来建立意识和潜意识间辩证联系的理论和治疗方法。在具体操作时，通过对梦、幻想等潜意识产物的分析，使被分析者建立其意识与个体潜意识（personal unconscious）和集体潜意识（collective unconscious）的沟通。前面已经论述过，荣格的分析心理学弗洛伊德与精神分析存在着千丝万缕的联系和共同之处，但两人在分析原则、分析方法和基本观点上仍有许多分歧。反映在心理治疗中也是如此。为了区别于前人的理论，荣格选择了“分析心理治疗”这一表述，以此来阐述自己的心理治疗观和治疗方法。

心理治疗：是与精神刺激是相对立的。精神刺激是用语言、表情、动作给人造成精神上的打击、精神上的创伤和不良的情绪反应；心理治疗则相反，是用语言、表情、动作、姿势、态度和行为向对方施加心理上的影响，解决心理上的矛盾，达到治疗疾病、恢复健康的目的。因此，从广义上讲，心理治疗就是通过各种方法，运用语言和非语言的交流方式，影响对方的心理状态（影响或改变患者的感受、认识、情感、态度和行为，减轻或消除使患者痛苦的各种情绪、行为以及躯体症状），通过解释、说明、支持、同情、相互之间的理解来改变对方的认知、信念、情感、态度、行为等。达到排忧解难、降低心理痛苦的目的。从这个意义上说，人类所具有的一切亲密关系都能起到心理治疗作用。理解、同情、支持等心理反应就是生活中最值得提倡的心理‘药师’。由此可见，广义的心理治疗泛指一切影响人的心理状态、改变理解行为的方式和方法。父母与子女之间、夫妻之间、同学同事之间、邻里之间、亲朋好友间的解释、说明、指导等趋势的交往与沟通，都具有一定的心理影响和心理治疗作用。而狭义的心理治疗，则是在确立了良好的心理治疗关系的基础上，由经过专门训练的施治者运用心理治疗的有关理论和技术，对求治者进行帮助，以消除或缓解求治者的心理问题或人格障碍，以促进人格向健康、协调方向发展的过程。我们知道，心理治疗的方法是极为多样的，但目的都在于解决患者所面对的心理困难与心理障碍，减少焦虑、忧郁、恐慌等精神症状，改善病人的非适应性行为，包括对人事的看法，从而促进其人格成熟，使被施治者能以较适当的方式来处理问题，以适应生活。因为心理治疗的过程主要是依靠心理学的方法来进行的，是与主要针对生活治疗的药物治疗或其他物理疗法不同的治疗方法，所以称之为心理治疗。

1. 荣格的心理治疗思想

个性整合之路

荣格的心理治疗理论对其他学派的心理治疗家影响很大。荣格认为在心理治疗中要特别注意两点：一是不能过分拘泥于某种理论、概念和方法，而要完全站在为患者服务的角度，做到法无定法；二是强调对患者起治疗作用的不是分析家的技术，而是分析家的人格，或者分析家与患者的相互作用对于治愈患者是至关重要的。时至今日，这些思想仍是心理治疗领域普遍认同的观点。

荣格的心理治疗就着眼点来看，不同于弗洛伊德的精神分析学强调的“还原”，即追溯患者的症状或梦在童年时代的性起因。所以弗洛伊德将理论的重点放在对真实创伤的还原和对尚未满足的性欲望的研究上。他指出症状是由于心理发展过程发展受阻碍或压抑而陷于停滞，在某一点上形成情结。力比多无处表达，积蓄着，并在达到一定能量时，便会以“异常”的方式宣泄出来，形成了精神异常的行为表现。通过催眠、析梦等来解开病人心理上的纠结，促使积蓄的心理能量安全释放，从而达到治疗目的。与弗洛伊德注重人性中消极的一面相反，荣格的分析心理学强调探索人格中健康的一面，强调人格中值得保留的东西。他采取的是一种综合心理建构原则。荣格认为每个正常人的心理与人格都有两个动力源：意识和无意识。对正常人来说，虽然存在着内向、外向的划分，但毕竟是相对平衡的。对心理障碍的人来说，这种平衡已经打碎了，他们中的一类过多地受限于意识到的外部现实而疏远了无意识，最终成为失去生活意义的人——瘾症患者。另一类则过多地疏远外部世界，受限于无意识，成为了强迫症，分裂症患者。他指出人的一生，心理平衡始终是个动力过程，心理能始终要在意识和无意识之间保持一定张力。而人格类型是可以改变的，故也可以治愈的。人的前半生主要是在意识方面发展很快，外向占优势。到了后半生，已经获得财富、权利和成就，就应该多和无意识保持联系，不要让内向偏废。所以，荣格主张，在施行心理治疗时要依据病人的年龄、经历等来“对症下药”，不可全部还原过去的生活经历或童年时期的性创伤。

荣格的分析心理学一般把心理问题的形成归结为某一原型没有得到良好发展而受到阻碍（当然也可能是个体层面的某一情结），由此精神系统作为自我调整而表现出神经症或别的问题。因此，荣格心理学治疗的目标是使受挫折的原型或情结获得应有的发展，其最为关键的是个性的成熟发展——自我实现或个性化，人生充实感的获得。这与当今的心理治疗在目标上有着极大的一致性，这一目标包含着以下三个层次的内容。

第一，解除病人的症状，修复个体的受挫原型。精神与身体不适或心理问题都会妨碍求治者对社会的适应，并因此而造成心理上的痛苦，所以心理治疗的主要目的是解除求治者在心理或精神上的痛苦，或帮助解决其无法自己解决的心理冲突，即使受挫的原型或情结得到良好的发展。

第二，提供心理支持，挖掘患者的心理潜能。在急慢性应激状态下，求治者因应付不了或忍受不了危机的环境，从而产生心理疾患或障碍。心理治疗可以帮助他们增加对环境的耐受性，降低易感性，提高心理承受力，增加应付环境和适应环境的能力，使之能自如地顺应和适应社会。这即是荣格所说的“医生所选择的道路与其说是治疗的问题，不如说是发展病人自身已有的创造潜力的问题。”①

第三，重塑人格系统，达到个性的成熟发展。这一点是荣格分析性心理治疗所强调的，它认为人类的心理疾患和心理障碍是其人格不成熟所致。所以，只有重塑人格系统，才‘能从根本上改变求治者的病态心理和不良行为方式。治疗的内容包括：帮助求治者理解自己、分析自己的情绪冲突的原因，获得内省能力，以了解意识和潜意识的内容，荣格在治疗中通过释梦、积极联想等方法，使求治

---

① Jung C G. The Psychology of the Unconscious. Collected Work of C. G. Jung，Princeton University Press，1966：7.

者在讲述自己的心理问题的过程中完成自我理解，达到自己解决自己问题的目的。总之，通过多种治疗方法，他期望达到的目标是达到自我实现或个性化，重塑求治者成熟的人格。

这里需要指出的是，在今天的心理治疗中，以上三个方面的内容是一个逐步深入、有机结合的过程。但荣格根据他的性格类型理论认为，首先，人的前半生主要是在意识方面发展很快，外向占优势。他指出，对一个尚未适应社会和取得成功的年轻人来说，尽可能有效地塑造自己的意识是极其重要的。也就是说，要培养意志，挖掘心理潜能，提高社会适应能力。然后，到了后半生，已经获得财富、权利、和成就，就应该多和无意识保持联系，不要让内向偏废。就是说，个体不需要再培养有意识的意志，而必须学会体验自己的内心存在，寻求自我实现或个性的成熟发展。可见，在荣格的理论中对于年轻人和中老年人的治疗目标是不一致的，而且治疗过程也是彼此独立的。他认为个性化或自我实现的目标仅仅适用于取得事业成功的有经济基础的中产阶级。

多元方法论

心理学一直企图像物理学和生理学那样成为一门实验科学。这说明心理学家一直企图通过在实验室可以人为控制的条件下进行实验，来理解人的精神现象和行为。通过系统地变换这些条件，就可以测出：要造成某种类型的行为，最重要的变量是什么。科学心理学旨在建立起关于人的行为的一般规律，而这些规律将以数学的方式加以表达。但就在心理学家致力于建立起一种科学心理学的同时，精神病学作为医学的一个分支也逐渐形成和发展起来。精神病学的任务，是治疗那些患有精神疾患的人。然而人们很快就发现：许多向精神病医生寻求帮助的人，严格地说都不能算是精神病人。他们不过是感到苦闷、烦恼、焦虑不安而已。医药和手术对他们没有任何用处。

精神病医生需要的，是关于人的心灵的知识（而在医学的其他领域，需要的则是关于人的身体的知识）。科学心理学没有为他们提供这方面的知识，它不能帮助精神病医生理解人的心灵，而这一点恰好又正是精神病医生在医疗实践中不可缺少的。这样，精神病医生不得不亲自来充当心理学家。他们不是通过实验室的实验，而是从他们自己的精神病诊所里搜集有关人的行为和人格的资料。他们对病人所说和所做的一切进行观察、分析和质询，然后据此做出推论和解释，再对照进一步的观察加以检验。在以这种方式对大量病人进行分析治疗以后，他们逐渐形成了许多同人的整个精神有关的思想，并把这些思想逐步整理为一整套心理学理论。

可见，一方面存在着一种从实验室中发展起来的心理学；另一方面又存在着一种从精神病医生的医疗实践中形成和发展起来的心理学。近年来，这两种心理学已开始互相结合，共向形成一种统一的心理学。精神病医生在自己的医疗实践中得出的那些结论和方案正在实验室中经受检验，而科学心理学的那些理论又被应用到临床治疗中加以检验。当然，要把那些从精神病医生的诊疗所中形成的理论纳入实验室中，或者，要把那些从实验室中形成的思想纳入精神病诊疗所，都并不是一件容易的事情。从事心理治疗的人关心的是一个个活生生的人和他的整个精神，他总觉得实验心理学家关心的只是某一孤立的心理过程如知觉、学习或记忆，并且不是着眼于特殊的个人而是着眼于统计学上的平均数字。实验心理学家则攻击心理治疗者们的理论太不科学，是建立在少数“病人”身上的主观臆断。至于荣格的理论，则更是难以在实验室中进行研究。

但荣格并不认为人们应该为某种方法所束缚，就如不应该为任何理论所束缚一样。他说：“理论在心理学中是十分危险和有害的。不错，我们确实需要某些观察点和出发点，以便获得某种定向和启发；然而它们只应该被看做是纯粹辅助性的，随时可以扔在一边的概念。对于人的精神，我们迄今知之甚少。如果有人认为我们在这些领域中已取得了足够的进展，以致可以形成一种总的理论框架，那么，这将是十分荒唐怪诞的事情。迄今为止，我们甚至还没有能确定人的精神现象的经验主义研究范围，我们又怎么能够去梦想建立一整套体系和理论呢？当然，理论是掩盖无知和缺乏经验的最好的遮羞布，但它所导致的后果——偏执、浅薄、科学上的宗派主义和门户之见——却是十分令人不愉快的。”

荣格不仅在对人的精神的经验主义观察中并不固执和坚持任何一种方法，就是在精神治疗活动中，他也并不提倡任何一种绝对正确排斥异己的方法。正因为这样，所以我们很难说什么是标准的荣格式治疗方法。无论什么方法，只要适合于他正在治疗的病人，他就立刻加以采用。有时候他采用弗洛伊德的方法，有时候他采用阿德勒的方法，有时候他采用他自己发明的方法。他自己发明的方法包括释梦、积极想象（病人全神贯注于形成意象）、绘画、象征的放大，以及语词联想。此外，他还根据病人情况的变化来确定每周同这个病人谈话的次数。只要可能，他总是尽量减少看病人的次数，尽量鼓励病人逐步自己承担起对自己进行分析的责任。这种灵活善变和大度胸怀，是荣格作为精神病治疗者和作为人的精神的探险者所具有的一种高贵品质。他不希望分析心理学变成一套僵化的教条主义原理和方法。“我们越是深入到人性的深处，就越是产生这样的信念，这就是，人性的多样性和多元性需要我们在立场观点和方法上都富于最大的灵活性和丰富性，这样才能适应人的精神深处的丰富性和灵活性。”

2. 荣格的心理治疗方法

荣格心理学治疗面谈方式是面对面的，他们认为经典弗洛伊德的精神分析使用的分析椅使治疗者躲藏在患者背后，而拒绝了患者和治疗师之间互动的过程。因此荣格心理学治疗师更希望以一种开放的方式来进行面谈，在面谈中以彼此的多方面互动来实现患者和治疗师的同时发展。一般的治疗是在量表测验（特别是类型量表）和面谈评估后进入的。特别是类型量表可以帮助理解病人发展的取向。但如果在进入治疗前，求助者存在自杀等倾向，治疗者可能采取危机干预进行帮助。在这个时期过去后才进入治疗阶段。荣格的心理治疗过程包括四个阶段，四阶段的治疗一般情况下是递进的，部分情况不一定需要全部，有的时候会提出其中某一项。

一、精神宣泄法：这和许多心理疗法学派的观点是共同的。这是首先让求助者表达，它的方式可以是口头会谈中的各种表达叙述，也可以是通过梦的记录、积极联想、沙盘技术、绘画技术、文学和诗歌阅读、艺术品的制作技术、舞蹈技术等，从求助者的理性和感性两方面引导出患者内心无意识的声音，使其相当充分地进入意识的领域，以及把心理的能量流疏导出来，这是极重要的环节。如果一个咨询人能很好地表达出他或她的无意识需要，那求助者内心的某些潜在方面就会表面化、意识化。问题较轻的患者在充分表达后就会自然理解自己的问题症结所在而得到痊愈。这里要说明的是荣格心理学治疗的意识化是很全面和深入的，你不能把这个过程仅仅设想成是很少几次（例如一两次的会谈就能到达意识化），这是不正确的想法。除非那些轻度的问题症状或者仅仅需要倾诉的求助者，不然这种意识化将是彻底的，并且需要相当次数量的会谈时间。因为荣格心理学治疗一般是深及患者心理结构转变和发展的治疗，只是表面的会谈不足以发现内心世界的部分。

在经典的弗洛伊德精神分析和经典的罗杰斯以来访者为中心学派中也是类似的观点，不过荣格式治疗的意识化走得或许更远。它涉及个体无意识的情结，但同时还涉及整个种族文化或人类文化“原型”背景来意识化患者的无意识产物。例如“英雄”原型，一个“英雄”原型没有得到正确和充分发展的人，可能表现出懦弱或品行问题。而这个人的梦里面可能经常出现参加战斗获得胜利等故事。这类案例有许多可以被叙述。积极联想、沙盘技术、绘画技术、文学和诗歌阅读、艺术品的制作技术、舞蹈技术也可以显示出各种“原型”象征。使用以上的“象征放大技术”可以使求助者和治疗师了解更多和更全面的患者无意识的内容，而促成这部分没有被发展的无意识内容获得意识化。但这种技术的难度在于要求实践荣格心理学的治疗师充分熟悉古今文学、神话学、宗教学、民族志等资料，只有有了这样的基础，使用这一技术才成为可能。所以在国际荣格心理学协会的培训学院中被培训的治疗师都需要学习人类学、文学阅读等课程，并被要求熟悉各种文化中的心理象征意义。

二、分析解释：尽管引导患者实现意识化是一个很重要的开始，但对于相当部分的患者，这或许只是一个好的开始，因此我们面临进一步的分析阶段。在弗洛伊德精神分析中使用的重要技术移情也是荣格心理学治疗师所使用的重要技术之一，特别是在分析阶段。当患者朝向治疗师投射他们自身的重要关系或一些重要内容时，我们称之为“移情”。这需要治疗师有充分的敏感性来反省发现，而不是认同为一般社会的感情。在同时，荣格也指出，治疗师由于个体的经历，同样自然会把存在的内容或关系通过会谈投射给患者。这称为“反移情”。而且荣格认为，这种情况并不仅仅是治疗师希望的冷静客观就能避免的，因为在会谈互动中这必然发生。因此，需要医生具有良好的技巧和医德。但荣格心理学的治疗师在理解移情的内容时，和弗洛伊德的精神分析学派存在的不同是：他们在此不仅仅以个体在过去生活的各种经历所积聚的个体无意识内容来认识移情关系，他们还会从各种族文化或人类文化“原型”象征的角度来认识这种移情关系所蕴涵的意义。在分析治疗阶段，荣格派治疗师可能使用的方法是，在适合的时候解释、讨论、指出或者间接引导患者认识这其中的问题或者感情，使患者的意识接受自己的无意识部分为意识的内容，使自己获得新的人生发展。在这里，沙盘技术、绘画技术、文学和诗歌阅读、艺术品的制作技术、舞蹈技术等在治疗中可以使心理发展进步。

三、教育治疗：这一阶段强调患者作为人类个体的社会化需要和他们为自我实现而作的行动努力，同时这个治疗阶段还会涉及道德性问题。荣格派治疗师在治疗中充分认识到社会道德的认同对于患者个体的作用。这个阶段治疗里面存在教育的意义，包括个体符合社会的正确发展、观念的学习、人生的追求方向的启示、个体在社会中的生活发展或其可行性、道德的意义等，帮助重新建立生活目标和方向。不过这一治疗阶段的构成不是简单的了解就能做出的，如果是那样，那就仅仅是一般的心理辅导，这里所叙述的教育虽然也可能包括最浅层面的教育，但主要是指经历意识化、分析过程后，针对所发现的患者原型需要发展而做出的社会性教育，如生活目标的重建、生活方向的建立，因此不能把这一教育过程简单化。在荣格的不少案例治疗中，他曾经以社会性的方式教育患者的人生发展或道德问题，来帮助患者认识其某种“原型”的发展方向正脱离实际社会的危险情况。这种指出在荣格心理学的治疗中并不是轻率的，而是在有充分了解的基础上做出的反应。不能简单认为这是思想教育工作或者是强加概念于他人。这是针对于无意识意识化时候的适当教育，或者对于行为发展的教育。当然这也包括治疗师对于当前问题的建议式、讨论式教育。

四、个性化治疗：这是一种深刻的治疗，它的起点是个体满足自身社会需要后的内部发展。这个阶段对于正在社会生活中奋斗的年轻人是不需要的，或者至多是一种潜在的力量。因为如果社会性需要实现得不充分，就不能使个体发展其所真正希望的潜质。在这里，自我实现只是个人在社会生活中学业、事业、婚姻、人际关系等的成功，是关于个体在社会生活中获得外在幸福感的目标。而和个性化要求的内部自我的发展存在差异，个性化——也就是在社会需求满足的情况下来按照自己的内心意愿来生活。例如一个人童年和青少年时希望成为一位儿童作家，但大学毕业后社会生活或父母等的压力使他从事机械制造的工作。但内心的那个愿意作儿童作家的冲动不是被解决了，而仅仅是被压抑了。在生命的一些阶段，我们甚至会意识不到它在意识领域的存在或者即使意识到也只一会儿就被冲淡了。然而，当一个人的社会生活，即和别人的关系和个体存活的生活获得满足和安定后，内部的意识就会再次出现在自己的梦、行为中，当这种冲动被压抑和忽视时，它就以病态来表现它的不满——这就是神经症。通过意识化、分析等治疗阶段的治疗，我们能发现它的出现。在个性化问题的案例中，有的会是很戏剧性的症状表现。症状有时候甚至会满怀“幽默”地来制造患者的“愚蠢行为”和“病态”。在这类案例中，案例早期的梦不一定是能被认识的，但这一治疗深入后，“个性化原型”会清晰地展现，例如著名的“曼陀罗原型”等，有时候还会出现智者原型——老人、仙女等形象象征。这些象征显现在民族志的领域有很广泛的一致性。这种发现能帮助患者和治疗师理解个体的终极追求是什么，并推动一种现实化的成熟。它联合个体自我实现在社会生活中获得的基础和经验，来实现个体独立的个性化——一种以金秋丰收类似形象为象征“个性化原型”的实现。

由此可以看出，荣格心理学治疗对于中年以上或者反省意识较强的对象是适合的，而且治疗对象里受过高等教育的中产阶级占较大比例。但对于儿童、青少年、贫民阶层的治疗则存在一定局限，虽然在一些方面荣格心理学治疗的一些技术在儿童领域也很有成效，如沙盘技术、绘画技术等。自我实现的治疗目标更适合中年以下的人，而个性化目标的完整发展则更适合中年以上的人。同时荣格心理学治疗一般是中长程的治疗，这需要患者有经济保证。

3. 荣格的心理治疗技术

荣格心理学治疗围绕治疗的四个阶段使用了许多具体的技术：如危机干预、释梦、移情技术、积极联想、沙盘技术、绘画技术、文学和诗歌阅读、艺术品的制作技术、舞蹈技术、空椅技术、象征放大技术等，来完成自我实现和个性化的治疗目标。这些具体的技术方法，对解决心理问题，提供心理支持，挖掘心理潜力，塑造完善个性有着积极的意义。这里简要介绍几种比较常用和重要的方法。

一、联想测试法。在伦敦举办的一次主题为“分析心理学的理论和实践”系列讲座上，荣格着重剖析了他关于“联想测试法”的构想。“联想测试法（Association test）就是凭借计算反应时间（the reaction time）和诊释对刺激字（stimulus words）所做的回答的方式发现情节的方法。”① 假如你是一名测试者，备一张写有一百个单词的表，告诉受试者要他在听到和理解了刺激单词后尽可能快地对进入他心中的第一个单词做出反应。当确信受试者懂得你的意思后，就开始做实验。你用一个秒表记下每次反应所用的时间。在你念完一百个单词后，你就做其他的事。一段时间后，你把刺激单词再念一遍，让受试者重复他先前的回答。由于记忆在一些地方的失灵，他第二次做出的

---

① Jung C G. The Psychogenesis of Mental Disease. Princeton University Press, 1972.

回答不准确或者错误，这些错误有着重大的意义。当受试者出错时，你就掌握了一些隐含的东西。你问一个连孩子都能回答的简易单词，而一个智力很高的人去却不能回答。这是因为那个单词击中了受试者心中的某个情结，这个情结是一种经常隐匿的、以特定的情调或痛苦的情调为特征的心理内容的团集物。而这个单词就像一枚炮弹，能穿透厚厚的人格伪装层打进暗层之中。例如，当你说“购买”“钱”这类单词的时候，那些具有“金钱情结”（money complex）的人就会被击中。荣格使用这种方法，在解决心理问题、治疗心理疾病和探测犯罪心理、进行罪行侦缉方面都有过许多成功的案例。

二、析梦法。“析梦法”是荣格在心理治疗中采用的主要手段，就是通过对患者近期梦境的分析和解释，来判断患者的病情，对梦中的意象进行前因后果的推证，进而进行治疗的方法。在心理治疗中采取“析梦法”，至今仍是一件众说纷纭的事情。许多医生发现它是治疗神经症不可或缺的手段，并赋予梦中表现出来的心理活动与意识本身同等重要的意义。相反，另一些医生则怀疑梦的分析的价值，并仅仅把梦看做是心理的一个可以忽略的副产品。荣格肯定无意识的存在，并认为梦是无意识心理活动的直接表达，他十分重视分析和解释梦的治疗方法。和弗洛伊德的析梦法不同，荣格认为梦境提供的无意识信息，不全是反映了童年时期心理创伤的弥补或早年压抑的欲望的满足，而是具有前因后果的，它能使我们发现神经症的无意识诱因，而且还具有对未来的预见性。他反对弗洛伊德用完全贬斥的态度把无意识呈现出来，他认为人的生命至少一半是在梦境中度过的，无意识也是人类生活的一部分，而且它们有时候恰恰揭示了不受意识经验影响的真实信息。他批评弗洛伊德所说的“梦的表象”不是梦的本身，而是它的晦涩性，而这恰恰说明了弗氏对于梦的缺乏理解。他指出“不管有多少怀疑和批评，都不能使我们把梦看作可以忽视的事情。它们在很多时候解读起来没有意义，但是很明显这是我们缺乏智慧与感受，不能读懂黑夜王国中心理的神秘信息。”① 他同时指出析梦法的艰巨性和复杂性，“既然梦包含的东西很可能不只是对医生的实际帮助，析梦法也就值得特别重视。有的时候，它确实是个生死攸关的问题。”②

三、移情法。有人说，没有治疗进程中的移情，就没有治疗的效果，这说明移情的重要性不亚于疏导和劝慰。荣格心理治疗理论中的“移情”远不止转移患者的注意力、情绪那么简单。荣格认为移情是一种特殊的投射，投射是一种普遍的心理机制，它把主观内容搬运到客观之中。而移情之所以是一种特殊的投射，是因为“严格来说，移情是发生于两个人之间的投射，而且通常具有情绪的和强制的性质”③；通过把情绪这一紧附在主体之上的不由自主的状态，投射到客体身上，这样就建立起一种牢不可破的纽带关系，它对主体施以强制性的影响。因此，移情可以是积极的，也可以是消极的。作为医生，既要学会利用移情

---

① Jung C G. The Psychological Foundation of Belief in Spirits. Princeton University Press，1972.

② Jung C G. The Psychological Foundation of Belief in Spirits. Princeton University Press，1972.

③ Jung C G. The Spirit in Man Art and Literature. London：Routledge Kegan Paul，1984.

促进有效的治疗，也能在关键时刻运用心理技术把患者投来的感情转移出去，比如“心理升华”“关系合理化”和“情感移位”等。升华作用是指把感情化为进取的动力，使患者在学业、事业上获得成功；合理化作用是指把医患关系正常化为师生、亲子或友谊；移位作用则指把移给医生的感情，经医生之手再转位到更利于患者感情发展的人身上去等等。

四、沙盘游戏治疗。“沙盘游戏治疗”（sand play therapy）是由卡尔夫（ Dora Maria Calf）命名的心理治疗方法。卡尔夫是荣格的学生，曾接受荣格的夫人埃玛·荣格心理分析，并在瑞士荣格心理分析研究院学习约 6 年。因而“沙盘游戏治疗”基本上属于荣格分析心理治疗方法的一种发展。沙盘游戏治疗是一种心理治疗手段，在一个自由、不受保护的空间，通过在沙盘内用各种模型、玩具摆出患者的心灵故事，使患者与无意识接触并表达超语言的经历和被阻碍的能量。这种接触与表达，恢复、转化、治愈受损的心理状态，能够促进和激活新生的力量。它也是一种心理教育方式，对正常人心理健康的维护、想象力和创造力的培养、人格发展和心性成长都有促进作用。沙盘游戏从创意的产生到正式的创立，到国际学会的成立及其世界范围内的影响，几乎已有了百年的历史；百年的历程中也获得了自身的发展与成熟。沙盘游戏不仅是心理分析的重要方法和技术，而且也是心理分析理论的重要发展。一粒沙是一个世界，反映着智者的思考和智慧；沙盘中展现出美妙的心灵花园，则构成了沙盘游戏治疗的生动意境。把无形的心理内容以某种适当的象征性的方式呈现出来，从而获得治疗与治愈，创造与发展，以及自性化的体验，便是沙盘游戏的无穷魅力和动人的力量所在。

五、空椅技术。“空椅技术”是荣格心理治疗中常用而有简便易行的技术。空椅（empty-chair）技术是使当事人的内射外显的方式之一，就是要来访者同时扮演两个或两个以上的角色，同时觉察和体验自我、环境、表层自我、深层自我以及它们之间的关系，从而取得更理想的整合效果。由于“连续”扮演多个角色，能在来访者心理上形成觉察的“同时性”效果。来访者一旦真正投入到对话中去，便能觉察到人格各个侧面的关系要素，剔除自我关系中的扭曲部分，通过情感的发泄与自我内在的整合，解决情感的冲突与困扰，那些形成内在冲突的心理体系便会很快瓦解。此技术运用两张椅子，要求当事人坐在其中一张，如同先扮演一个胜利者，然后再换坐到另一张椅子上扮演失败者，而让当事人所扮演的两方持续对话。这项技术的本质就是一种换位思考，通过角色扮演让当事人去扮演所有的部分。通过这种方法，可使内射表面化，使当事人充分地体验冲突，由于当事人角色扮演中能接纳和整合胜利者与失败者，因此冲突可得到解决。

荣格的分析心理学扩展了心理学的研究领域，开创了个体差异研究中的新领域。荣格的字词联想实验和情结理论对心理学的影响很大。他的语词联想实验经过后人的改进，成为当代心理学研究的重要手段之一；情结的概念是当代心理学普遍认可的基本概念。荣格心理治疗对于接近中年以上或者反省意识较强的对象是适合的，而且治疗对象里受过高等教育的中产阶级占有较多比例。但对于儿童、青少年、贫民阶层的治疗则存在一定局限，虽然在一些方面荣格心理学治疗的一些治疗技术在儿童领域也很有成效，如沙盘技术、绘画技术等。自我实现的治疗目标更适合中年以下的人，而个性化目标的完整发展则更适合中年以上的人。同时荣格心理学治疗一般是中长程的治疗，这需要患者有经济保证。

第五章　众说纷纭话荣格

一、质疑的声音

许多研究荣格学说的人认为他的著作中充满了神话、宗教、巫术、炼金术、占卜、梦幻、想象和精神病例，再加上他个人的一些神秘体验，以及那些从令人惊奇的预感中汲取的丰富资料，使他不断地被指责为蒙昧主义者和神秘主义者。攻击最厉害的，是德国犹太哲学家马丁·布伯（Martin Buber），他谴责荣格为神秘主义者和宗教的崇拜者，甚至说他是心理学的门外汉。20 世纪 70 年代掀起反对荣格高潮的是出生于德国的精神分析家保罗·斯特恩（P. J. Stern），他认为荣格虽然博学，但并没有把《易经》解释清楚，只不过增加了荣格的迷信，宗教的经验主义、自我主义、神秘主义太过沉重。荣格在 1930 年所写的下面这段话中，对这种指责做出了回答：

“神秘主义在我们所处的这个时代经历了一场史无前例的复兴——西方文明之光因此而变得黯淡。我现在所说的当然不是指我们的高等学府以及这些高等学府中的头面人物。但是，作为一个同普通人打交道的医生，我知道，我们的大学已经不再是传播光明的地方。人们普遍地厌倦了极其狭窄的专题研究，厌倦了唯理主义和唯智主义。人们想要听见的是这样一种真理，这种真理不是束缚限制而是开拓扩展，不是隐蔽遮掩而是启发照亮他们的心灵；这种真理不是像水一样不留痕迹地从他们身边流过，而是一直深入到他们的骨髓之中。这种渴望和寻找，往往可能把许多人引上歧路。”

尽管荣格早年也曾在实验室中工作过，然而他的心理学知识主要仍来自对病人的治疗和与病人的接触中。荣格说，“我首先是一个医生，一个实际从事精神治疗的人。我的心理学理论建立在我每天进行的艰苦的职业活动中，建立在我从这些活动中获得的丰富经验上。”除了从事治疗活动外，荣格的心理学理论和知识还来自对其他文化的考察，包括对宗教的比较研究，和对神话、象征、炼金术以及神秘主义的研究。然而他自己说得很清楚，“心理结构的理论不是来自童话和神话，而是植根于医学心理学的研究领域，植根于在这一领域中进行的经验主义的观察之中。它只是间接地通过比较象征的研究，在远离普通医疗实践的领域中获得了进一步证实而已。”他认为在历史学、人类学、考古学、比较解剖学，以及别的学科中所运用的比较方法，是最好的科学研究方法。

二、积极的心理大师

荣格对科学性质的看法也是十分开通的。学生时代的荣格所受熏陶的科学气氛充满了机械因果的观念：世界上万事万物都有它们的原因。在心理治疗中，这意味着人们试图在病人过去的生活中寻找他今天患病的原因。弗洛伊德坚持认为童年精神创伤是导致神经症的主要原因。这种观点正是因果观念的典型范例。荣格并不排斥因果观念，然而他认为除此之外还有另一种科学方法。这种科学方法被称为“目的论”。目的论的方法应用到心理学中就意味着：人们当前的行为是由未来而不是过去所决定的。显然，为了正确理解一个人的行为，除了需要考虑过去的事件以外，也还需要考虑到未来的目标。荣格许多涉及精神发展的思想，就它们作为精神发展的目标（个性化、整合、个性形成等）而言，都是目的论的。一个发展着的人格正是趋向实现这些目标的。一个人的行为必然存在着目的性，尽管它并不必然显现为自觉意识。甚至梦，也具有并且提供一种向前展望的功能。梦往往是对于未来的憧憬，正像它同时也是对往事的回忆一样。

荣格感到有必要在心理学中同时采用这两种研究态度，即因果论的研究方法和目的论的研究方法。荣格说：“一方面，人的心灵为所有那些往事的残余和痕迹提供一幅画面；另一方面，在这同一幅画面中，就人的精神创造自己的未来而言，它也表达了那些行将到来的事物的轮廓。”

对许多科学家说来，目的论的方法过去不是，现在也仍然不是什么受欢迎的思想。然而我们看见，荣格并不受舆论和潮流的影响。他随时准备考虑和接受任何观点，并将它运用到自己的著作中，不管这些观点多么不符合一般人的口味。荣格是一个实用主义者，任何一种观点或方法，只要能够帮助他理解病人，只要对病人有利，他都会采用。

最后，荣格指出，因果性和目的性都只是独断的思维模式，科学家运用这种思维模式来整理那些可以观察到的现象。因果性和目的性本身并不可能从自然界中找到。

荣格认为目的论的态度应用到病人身上，还具有另一种实用价值。纯粹因果论的态度很可能使病人产生绝望和自暴自弃的情绪。因为按照因果论的观点，他无法逃避自己的过去，他被囚禁在往事之中。创伤业已造就，并且很难甚至根本不可能恢复和痊愈。而目的论的态度则给病人带来希望，给病人带来可以努力为之奋斗的目标。

然而荣格并非总是处在这种悲观情绪之中。他竭尽全力，同许多病人一道，设法从深渊中拯救他们的生活。使他们懂得：尽管人的内心中有一个魔鬼，尽管这个魔鬼会被释放和投射到社会生活中来，个人仍然能够成就自己的刚毅和正直。荣格说，“心理治疗的主要目的，不是要使病人进入一种不可能的幸福状态，而是要帮助他面对苦难具有一种哲学式的耐心和坚定。”在荣格就人的问题所发表的全部言论中，下面这段话很可能最雄辩地表达了人敢于站出来生存的勇气。“人格是个体生命天赋特质的最高实现。人格的实现是敢于直面人生的具有高度勇气的行动，是对于所有那些构成个体生命的要素的全面肯定，是个体对于普遍存在状况的最成功的适应并伴随着进行自我选择的最大限度的自由。”

三、神圣化英雄

像弗洛伊德一样，荣格无疑是人类历史上一位始终致力于精神探索的大师，也是众多追随者所崇敬的圣人和先驱。晚年的荣格被人们神化为“苏黎世的神圣”，许多人甚至远道而来向他咨询，而他奇妙的分析也常令来者深受启示。对人类本性的深切感受使他有能力帮助人们摆脱痛苦。

对于荣格学说由衷赞赏的美国犹太后裔学者埃德蒙·科恩（Edmund D. Cohen）在他的《荣格与科学态度》一书中对荣格相当推崇，认为荣格的理论是“真正科学的”。科恩高度评价了荣格的学术思想，肯定了他在现代学术上的地位。虽然科恩对荣格十分崇拜，他还是指出了荣格心理学发展中的危险——个人崇拜和英雄崇拜。对荣格理论表示赞赏的另一位人士是信仰路德教的美国神学学者默里·斯坦因（Murray Stein，1943—）。他在《荣格对基督教的治疗——对一种宗教传统的心理疗法》一书中指出，荣格实际上很早就解读了宗教，随后将其与自己的心理学知识相结合为基督徒治病。事实上荣格已经看出 20 世纪 50 年代武力的竞争，又看到西方宗教道德的僵化。他不仅为人们揭示出战后基督教危机，而且试图采用西方的科学经验主义和东方的神秘主义来拯救这种危机。

20 世纪人类沉迷于唯物主义。本来荣格可能永远不会如此威名远播，但经历了两次世界大战的灾难，西方人沉迷于神话和占星术等神秘主义之中，出现了“非理性的复兴”。荣格和他的理论应运而生，他也顿时变成了巨人。全世界的名流显贵、学者儒士纷纷来瑞士朝见他，他们寻找的是一位有着智慧和理性之光的大师，却发现这位大师研究的是打坐、占卜、念《易经》，以及炼金术等神秘东西。他们在这位“大师”的指引下再次返回宗教了。

今天，无论我们怎样给荣格定位，都无法抹杀他对人类心灵探索的贡献。阅读荣格的著作是一种独特的体验。一开始可能难以接受，但当你读过他几篇文章几部著作以后，你就会接受和承认他的思想。读者很可能突然彻悟：这位孤独的老人，怀着激情与怜悯，富于逻辑性与常识感，所写的都是有关人类精神的基本真理。读者会一次又一次惊奇地发现那些他早已知道却不能用自己的语言加以表达的真理，像我们一样，他也会惊奇地发现：荣格的许多思想成了后来许多作家的先导。心理学领域以及其他与之相关的领域中的许多新趋势新潮流，都应该追溯到荣格，因为正是他最先给人们指出了路径和方向。荣格的著作是智慧和灵感的不竭源泉，人们可以反复阅读他的著作，不断地吮吸这源头活水，从中获得对人生对世界的新认识。正因为如此，我们说阅读荣格的著作会带来一种独特的充实感，并更新着我们的体验。

炼金术（alchemy）：原意是指化学的一种古老形态，它综合着现代意义上的实验化学和对自然和人的一般的、象征的、直观的和准宗教的思考。许多今天看来是属于无意识的内容以象征的方式投射到了那些未知的物质材料上。炼金术士在他们未知的物质上寻找“上帝的秘密”，因而奠定和确立了与现代心理学极相似的某些传统方法和途径。荣格发现了这一点，并在分析心理学中大力提倡这些方法和途径。